니팅쌤 코바늘 키링

야채 편

니팅쌤 코바늘 키링
야채 편

초판 1쇄 발행 2025년 7월 22일

지은이 니팅쌤 신은영
펴낸곳 ㈜에스제이더블유인터내셔널
펴낸이 양홍걸 이시원

블로그·인스타·페이스북 siwonbooks
주소 서울시 영등포구 영신로 166 시원스쿨
구입 문의 02)2014-8151
고객센터 02)6409-0878

ISBN 979-11-6150-533-6 13630

이 책은 저작권법에 따라 보호받는 저작물이므로 무단복제와 무단전재를 금합니다.
이 책 내용의 전부 또는 일부를 이용하려면 반드시
저작권자와 ㈜에스제이더블유인터내셔널의 서면 동의를 받아야 합니다.

이 도안은 저자 요청에 따라 개인적인 취미 활동을 위한 것으로, 완제품의 상업적 판매는 금지되어 있습니다.
본 책의 모든 도안과 완성작은 개인적인 취미 활동 용도로 제공되며, 완제품의 상업적 판매나 도안의 무단 복제·배포는 삼가주세요.

시원북스는 ㈜에스제이더블유인터내셔널의 단행본 브랜드입니다.

독자 여러분의 투고를 기다립니다.
책에 관한 아이디어나 투고를 보내주세요.
siwonbooks@siwonschool.com

작고 귀여운 캐릭터 키링 20종으로 코바늘 시작!

니팅쌤 코바늘 키링

야채 편

니팅쌤 신은영 지음

시원
북스

니팅쌤 코바늘 키링을 시작하기 전에

1. 이 책은 니팅쌤이 인스타그램에서 2023년부터 소개해온 '니팅쌤 키링' 작품 가운데 '야채 친구들' 캐릭터 20종을 모아서 소개합니다. 다양한 키링을 만들어보고 싶은 뜨개인, 코바늘을 처음 시작하는 초보도 할 수 있습니다. 좋아하는 캐릭터 취향에 차이가 적어서 선물용으로도 좋아요~ 정성 가득 직접 만든 아이들 선물로도 좋아요! 😊
   - 코바늘 초보를 위한 기초부터 연습, 작품 제작까지 체계적이고 풍성한 구성

2. 코바늘 연습과 작품 제작을 더욱 쉽고 편하게 도와드리기 위해 '서술형 도안'과 '기호 도안'을 함께 수록하고, 작품 제작 '과정 사진'과 '완성 사진', 제작 과정을 확인하실 수 있는 '영상 QR 코드'를 함께 수록했습니다.
   - 서술형 도안+기호 도안+과정 사진+작품 제작 영상 QR 코드 모두 제공

3. 책 속 도안은 정확한 도안을 제공하기 위해 여러 차례 확인 과정을 거쳤습니다. 그럼에도 만에 하나 도안 수정이 필요한 경우 정오표를 아래 채널에서 공유드릴 예정입니다. 정오표 유무와 내용을 확인하면 더욱 편리하게 이 책을 활용할 수 있습니다.
   - 도안 정오표 업로드 시 공유 채널

     시원북스 🏠 siwonbooks.com (카테고리: 도서 > 시원북스 > 자료실 > 정오표)

     작품 도안 관련해 추가로 궁금하신 내용은 시원북스 이메일로 문의해주세요.

     시원북스 ✉ siwonbooks@siwonschool.com

4. 손뜨개 서술 도안에서 오른손과 왼손 중 기준은 니팅쌤이 오른손잡이라서 '오른손'으로 정하였습니다. 왼손잡이이신 분들은 반대로 하셔야 하는데 조금 불편하실 수 있어서 양해를 부탁드립니다.

5. 인스타그램과 유튜브에 여러분의 손뜨개 작품을 올리고 아래 해시태그를 붙이면 '니팅쌤'이 찾아갑니다!

   #니팅쌤 #니팅쌤코바늘

_____ 님,

오늘부터 니팅쌤과 함께
뜨개 해요!

니팅쌤 손뜨개 작품

뜨개는 일상에서 쓸 수 있는 점도 좋지만 내가 직접 만든,
세상에서 단 하나뿐인 소중한 물건, 멋진 작품이 되어서 더 좋습니다.
이 책을 보고 니팅쌤의 손뜨개 작품을 직접 만들어보세요.
예쁘게 사진도 찍어서 간직하고 공유해보세요!

손끝에서 야채 친구들이
탄생하기까지

한 코, 한 코 실을 뜨다 보면
어느새 귀여운 야채 친구 하나가 태어나 있어요.
눈을 맞추고 이름을 불러주면 그 친구는 조용히 웃는 듯해요.

이 책에 담긴 야채 친구들은
오래전부터 제 마음속에서 자라나고 있던 아이들이에요.
무더운 여름을 견뎌내고,
비 오는 날에도 꿋꿋하게 자란 텃밭의 채소들처럼요.

감자처럼 포근한 마음,
당근처럼 밝고 씩씩한 에너지,
브로콜리처럼 묵묵히 자리를 지키는 든든함,
작은 인형 하나하나에 담긴 성격과 이야기는
여러분의 손끝에서 살아 숨 쉬게 될 거예요.

바쁘고 복잡한 일상 속에서
잠깐이라도 실과 바늘, 그리고 야채 친구들과 함께
건강하고 따뜻한 시간을 보낼 수 있길 바라며 이 책을 시작합니다.

'뜨개질로 야채를 만들 수 있을까?'
처음에는 과연 잘할 수 있을지 걱정이 들기도 했지만
한 코, 한 코 만들어가던 어느 날,
손바닥 위에 작은 고구마 한 알이 생겼죠.

그날 이후 제 마음 밭에는 감자, 당근, 완두콩, 군밤……
하나둘 친구들이 모여들기 시작했어요.

이름도 성격도 각자 다른,
하지만 모두 정성껏 태어난 소중한 친구들이죠.

이 책은 그런 '야채 친구들'의 이야기입니다.
코바늘 하나로 시작해
어느새 마음이 연결되는 작고 귀엽고 소중한 만남들.

지금 이 책을 펼친 여러분도
조금은 지치고 바쁜 하루를 보내고 있었다면,
실을 잡고 한 코, 한 코 따라오며 야채 친구들과 인사해보세요.
야채 친구들도 당신을 기다리고 있을 거예요.

2025년 7월
니팅쌤 신은영 씀

니팅쌤 손뜨개 수업을 시작하기 전에 004
니팅쌤 손뜨개 작품 006
프롤로그 | 손끝에서 야채 친구들이 탄생하기까지 012

손뜨개 준비물과 기초 지식

1. 이 책을 위한 손뜨개 기본 준비물 016
2. 준비물 소개 017
3. 코바늘 기호 019
4. 도안 보는 법 020
5. 눈 입 수놓기 021

Part 1
니팅쌤 코바늘 기초 기법

코바늘 기초 기법에 대한 내용은 QR 코드를 통해 PDF 파일로 별도 제공합니다.

• **PDF북 QR 코드 연결 링크**
시원북스 🏠 www.siwonbooks.com/adddata
(카테고리: 도서 > 시원북스 > 자료실 > 부가 자료 다운)

기초 1
1. 실 거는 법
2. 바늘 잡는 법
3. 사슬뜨기 뜨는 법
4. 사슬뜨기 기호와 모양 알아보기
5. 짧은뜨기 기호와 모양 알아보기
6. 짧은뜨기 뜨는 법

기초 2
1. 매직링 만들기
2. 늘려뜨기
3. 모아뜨기

4. 빼뜨기
5. 미니공 만들기

기초 3
1. 한길긴뜨기 뜨는 법
2. 그래니스퀘어 모티브 뜨기

기초 4
1. 한길긴뜨기 5코 팝콘뜨기
2. 긴뜨기 팝콘뜨기
3. 이랑뜨기

Part 2
니팅쌤 코바늘 키링 작품 만들기

01 고구마
ISFJ
따뜻한 수호자
029

02 감자
ISTJ
현실적인 관리자
035

03 옥수수
ESFP
자유로운 연예인
041

04 토마토
INFP
감성적인 중재자
049

05 대파
ESFJ
사교적인 돌봄이
057

06 당근
ENFP
열정적인 활동가
065

07 가지
INTP
논리적인 사색가
075

08 알타리무
INFJ
통찰력 있는 조언자
083

09 고추
ESTP
모험을 즐기는 활동가
093

10 완두콩
ENFP
쌍둥이 활력러
101

11 군밤
ISTP
만능 재주꾼
111

12 버섯
INFP
신비한 몽상가
119

13 인삼
INFJ
신비로운 조언자
127

14 오이
ISTP
쿨한 해결사
137

15 브로콜리
INTJ
전략적인 계획가
143

16 배추
ISFP
조용한 예술가
151

17 땅콩
ENTP
아이디어 뱅크
161

18 양파
ENFJ
정의로운 사회운동가
171

19 레디쉬
ENTJ
작지만 강한 리더
179

20 도토리
ISFP
자연을 사랑하는 감성러
187

손뜨개 준비물과 기초 지식

1. 이 책을 위한 손뜨개 기본 준비물

이 책의 코바늘 연습을 위해 필요한 기본 준비물입니다.

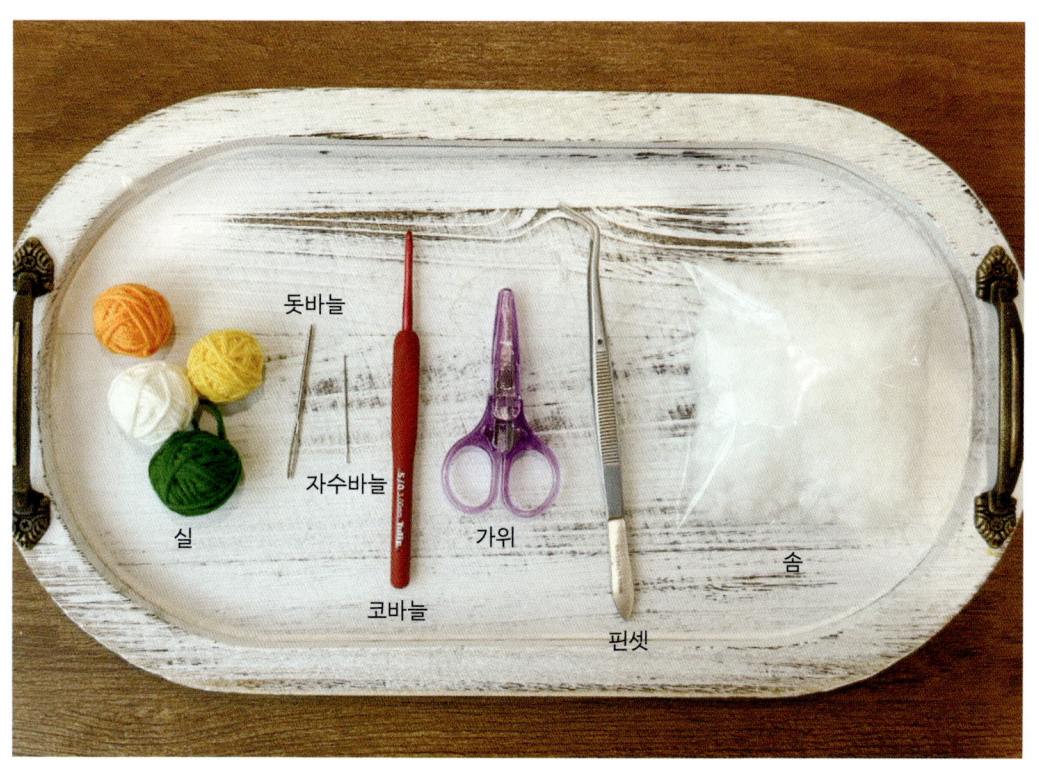

실, 돗바늘, 자수바늘, 코바늘, 가위, 핀셋, 솜

2. 준비물 소개

1) 실

실에는 여러 가지 형태와 소재가 있습니다.

초보가 사용하기 좋은 실은 종류와 색상이 다양한 '스트레이트얀'과 '코튼실'을 추천합니다. 굵기가 일정하지 않은 실(트위드, 모헤어, 슬라브얀)은 초보에게는 코를 보기가 어렵습니다.

울, 린넨 고급 소재는 중급 정도의 실력일 때 사용하면 좋습니다.

기초 수업에서는 사계절용으로 내구성이 좋고 세탁도 쉬운 면사를 많이 사용합니다.

① 실 라벨 보는 법

실의 라벨은 뜨개 할 때 필요한 정보가 적혀 있습니다.

Cotton 60% Acrylic 40%	실의 소재를 표기합니다.
100g ±5	실 한 볼의 무게를 보여줍니다.
코바늘 6/0~7/0	실에 맞는 코바늘의 호수입니다.
대바늘 4.5mm~5.5mm	실에 맞는 대바늘의 호수입니다.

* 대바늘 : 대나무로 만든, 끝이 곧고 뾰족한 뜨개 바늘.

② 실 끝 빼내는 법

실타래 속에서 중심을 빼내는 방법, 실타래 겉 쪽에서 사용하는 방법 중 편한 방법으로 뜹니다.

실 끝 빼내는 예시

2) 돗바늘
편물을 연결하거나 실을 숨길 때 사용합니다.

3) 자수바늘
얼굴 모양을 수놓을 때 사용합니다.

4) 핀셋
야채 완성 후 실 정리에 사용하면 깔끔하게 작업이 가능합니다.

5) 코바늘
기본적으로 사용하는 코바늘은 갈고리 모양의 모사(털실)용 뜨개 바늘이고 모사용 코바늘로 2/0~10/0호까지 있습니다.
호수가 클수록 바늘이 굵어지며 실에 맞춰 굵기를 정합니다.

모사용 코바늘 호수와 굵기

바늘 호수	바늘 굵기
2/0	2.0mm
4/0	2.5mm
5/0	3.0mm
6/0	3.5mm
7/0	4.0mm
7.5/0	4.5mm
8/0	5.0mm
9/0	5.5mm
10/0	6.0mm

기초용으로 가장 많이 사용! (5/0, 6/0)

3. 코바늘 기호

기호명	기호	기호명	기호
사슬뜨기	○	긴뜨기 늘려뜨기	
빼뜨기	●	한길긴뜨기 2코 늘려뜨기	
짧은뜨기	×	한길긴뜨기 3코 넣어뜨기	
이랑뜨기	×	한길긴뜨기 2코 모아뜨기	
긴뜨기	T	한길긴뜨기 3코 모아뜨기	
한길긴뜨기	┼	긴뜨기 4코 팝콘뜨기	
짧은뜨기 모아뜨기		긴뜨기 5코 팝콘뜨기	
짧은뜨기 3코 모아뜨기		한길긴뜨기 5코 팝콘뜨기	
짧은뜨기 3코 늘려뜨기		한길긴뜨기 5코 구슬뜨기	
짧은뜨기 2코 늘려뜨기			

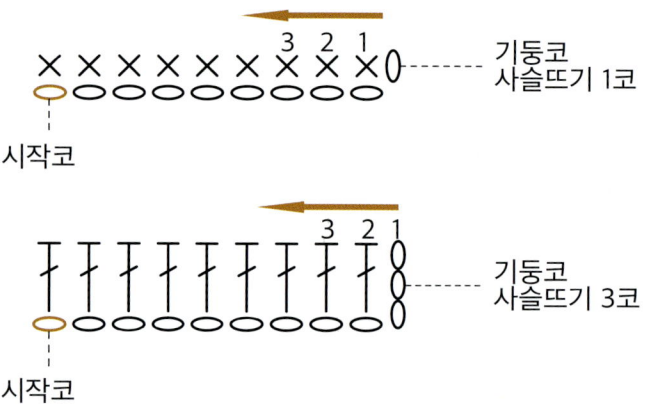

모든 뜨개에 시작코는 사슬코와 기둥코가 있습니다.

시작코를 뜬 후 뜨개코를 뜨기 위해서는 기둥코가 필요합니다.

짧은뜨기의 기둥코는 사슬뜨기 1코이고, 크기가 작아서 코를 세지 않습니다.

한길긴뜨기의 기둥코는 사슬뜨기 3코이고, 1코로 셉니다.

4. 도안 보는 법

도안은 **평면뜨기**와 **원형뜨기**, **원통뜨기** 3가지로 크게 나눌 수 있습니다.

평면뜨기는 뜨개 편물을 돌려가며 겉면과 안면을 번갈아 뜨는 방법입니다.

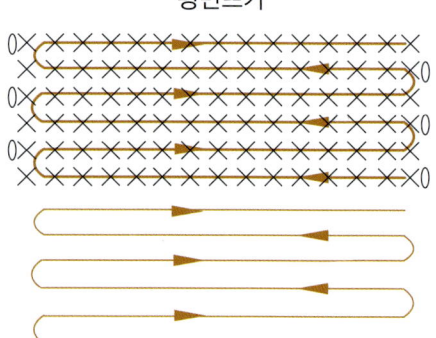

평면뜨기

원형뜨기는 뜨개 편물의 앞면을 보고 중심부터 시작하여 시계 반대 방향으로 뜨는 방법입니다.

원통뜨기는 오른쪽에서 왼쪽으로 원통 모양으로 뜨는 방법을 말합니다.
기둥코로 시작하여 오른쪽에서 왼쪽으로 뜨개 기호를 뜨고, 빼뜨기로 단을 마무리합니다. 원통뜨기에는 빼뜨기 없이 회오리처럼 뜨는 방법도 있습니다.

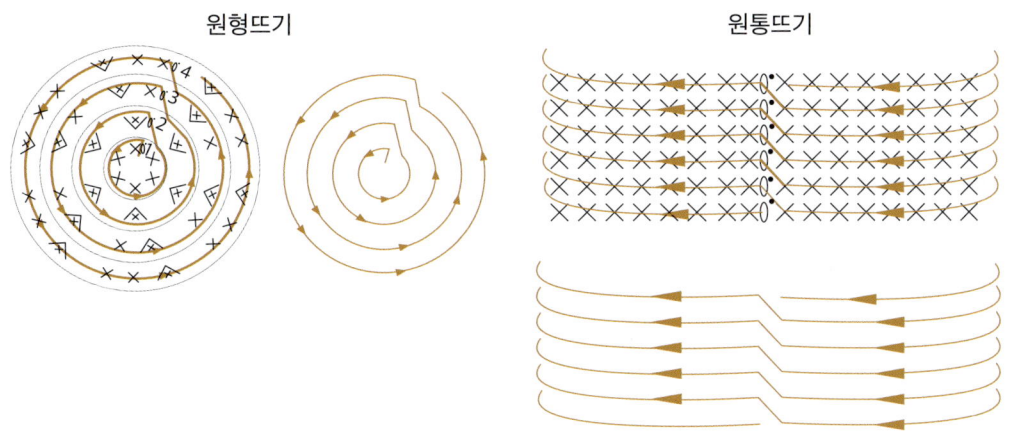

5. 눈 입 수놓기

인형의 '눈과 입'을 수놓는 방법으로, 뜨개인들 사이에서는 이른바 '망충한 표정'이라 불립니다.

1. 검정 실에서 한 가닥을 사용한다.

2. 자수 바늘에 실을 넣는다.

3. 몸통에서 눈을 수놓을 자리로 바늘을 통과시킨다.

4. 뒷 실을 3cm 정도 남기고 실을 당겨준다.

5. 실이 걸려 있는 곳에서 최대한 가까이에 바늘을 반만 넣는다.

6. 바늘에 실을 3~4번 감는다.

7. 손톱으로 실을 눌러 고정한다.

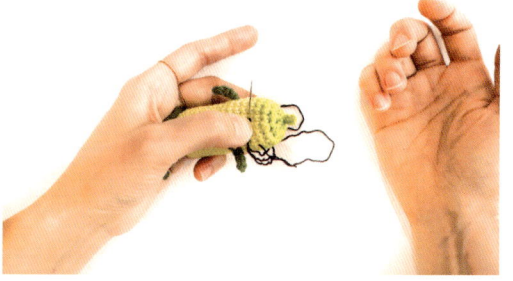

8. 누르고 있는 부분을 끝까지 잡고 바늘을 빼낸다.

9. 실이 풀리지 않도록 끝까지 조심히 당겨낸다.

10. 반대쪽 눈을 수놓을 자리로 바늘을 넣는다.

11. 같은 방법으로 최대한 실 가까이에 바늘을 반만 통과시킨다.

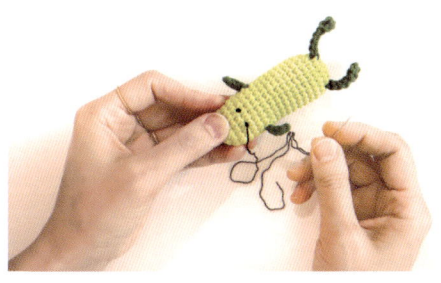

12. 반대쪽 눈과 같은 횟수로 실을 감아 눈을 만든다.

13. 한 단 아래로 입을 수놓을 자리로 바늘을 넣는다.

14. 0.5cm 정도로 입을 만든 뒤, 시작 실과 같은 자리로 바늘을 빼낸다.

15. 실을 적당한 길이로 자르고, 핀셋이나 코바늘을 사용해 몸통 안으로 넣으면 완성이다.

16. 코바늘이나 핀셋으로 몸통 안쪽으로 실을 숨긴다.

Part 1
니팅쌤 코바늘 기초 기법

코바늘 기초 기법에 대한 내용은 QR 코드를 통해 PDF 파일로 별도 제공합니다.

- **PDF북 QR 코드 연결 링크**

시원북스 ⌂ www.siwonbooks.com/adddata

(카테고리: 도서 > 시원북스 > 자료실 > 부가 자료 다운)

기초 1
1. 실 거는 법
2. 바늘 잡는 법
3. 사슬뜨기 뜨는 법
4. 사슬뜨기 기호와 모양 알아보기
5. 짧은뜨기 기호와 모양 알아보기
6. 짧은뜨기 뜨는 법

기초 2
1. 매직링 만들기
2. 늘려뜨기
3. 모아뜨기
4. 빼뜨기
5. 미니공 만들기

기초 3
1. 한길긴뜨기 뜨는 법
2. 그래니스퀘어 모티브 뜨기

기초 4
1. 한길긴뜨기 5코 팝콘뜨기
2. 긴뜨기 팝콘뜨기
3. 이랑뜨기

Part 2
니팅쌤 코바늘 키링 작품 만들기

고구마
ISFJ
따뜻한 수호자
029

감자
ISTJ
현실적인 관리자
035

옥수수
ESFP
자유로운 연예인
041

토마토
INFP
감성적인 중재자
049

대파
ESFJ
사교적인 돌봄이
057

당근
ENFP
열정적인 활동가
065

가지
INTP
논리적인 사색가
075

알타리무
INFJ
통찰력 있는 조언자
083

고추
ESTP
모험을 즐기는 활동가
093

완두콩
ENFP
쌍둥이 활력러
101

군밤
ISTP
만능 재주꾼
111

버섯
INFP
신비한 몽상가
119

인삼
INFJ
신비로운 조언자
127

오이
ISTP
쿨한 해결사
137

브로콜리
INTJ
전략적인 계획가
143

배추
ISFP
조용한 예술가
151

땅콩
ENTP
아이디어 뱅크
161

양파
ENFJ
정의로운 사회운동가
171

레디쉬
ENTJ
작지만 강한 리더
179

도토리
ISFP
자연을 사랑하는 감성러
187

01

고구마

"천천히 해도 괜찮아. 내가 옆에서 응원할게~"

사용 실	밀키코튼 블랙라벨(120g) 2검정(30cm), 20노랑(5g), 31보르도(5g)
사용 바늘	모사용 코바늘 5/0, 돗바늘, 자수바늘
부자재	솜, 가위, 핀셋

MBTI	**ISFJ (따뜻한 수호자)**
	말수가 적고 마음이 따뜻한 친구
	느긋하지만 은근히 리더십도 있음
성격	늘 묵묵히 곁을 지켜주는 따뜻하고 배려심 많은 내향적 친구

서술형 도안

▶ 보르도색으로 고구마 시작하기

단	
1단	매직링 만들기, 사슬뜨기, 짧은뜨기6, 빼뜨기 **(6코)**
2단	사슬뜨기, (짧은뜨기, 늘려뜨기)×3, 빼뜨기 **(9코)**
3단	사슬뜨기, (짧은뜨기2, 늘려뜨기)×3, 빼뜨기 **(12코)**
4단	사슬뜨기, 짧은뜨기12, 빼뜨기 **(12코)**
5단	사슬뜨기, (짧은뜨기2, 늘려뜨기)×4, 빼뜨기 **(16코)**
6단	사슬뜨기, 짧은뜨기16, 빼뜨기 **(16코)**
7단	사슬뜨기, (짧은뜨기3, 늘려뜨기)×4, 빼뜨기 **(20코)**
8단	사슬뜨기, 짧은뜨기20, 빼뜨기 **(20코)**

만드는 법 영상
(고구마)

▶ 노란색으로 바꾸기

단	
9단	사슬뜨기, 이랑뜨기20, 빼뜨기 **(20코)**
10단	사슬뜨기, 짧은뜨기20, 빼뜨기 **(20코)**
11단	사슬뜨기, (짧은뜨기3, 모아뜨기)×4, 빼뜨기 **(16코)**
12단	사슬뜨기, 짧은뜨기16, 빼뜨기 **(16코)**
13단	사슬뜨기, (짧은뜨기2, 모아뜨기)×4, 빼뜨기 **(12코)**
14단	사슬뜨기, 짧은뜨기12, 빼뜨기 **(12코)**

솜 넣기

단	
15단	사슬뜨기, (짧은뜨기, 모아뜨기)×4, 빼뜨기 **(8코)**

30cm 정도 실을 자르고 돗바늘로 마무리한다.

자수바늘로 눈과 입을 수놓는다.

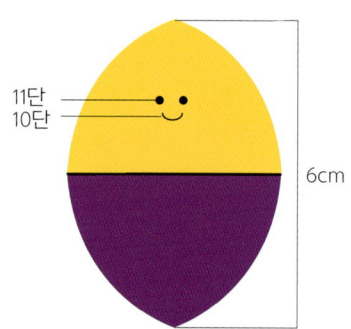

기호 도안

고구마

단수	코수
15	8
13~14	12
11~12	16
7~10	20
5~6	16
3~4	12
2	9
1	6

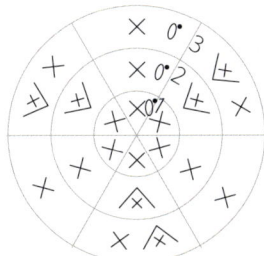

과정 사진

1. 8단 마지막 코에서 미완성 짧은뜨기에서 실 색을 바꾼다.

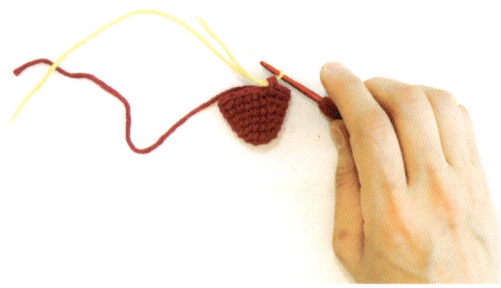

2. 노란색으로 실 색이 바뀐 모습.

3. 첫 코에 빼뜨기를 하고 사슬뜨기(기둥코)를 1코 뜬다.

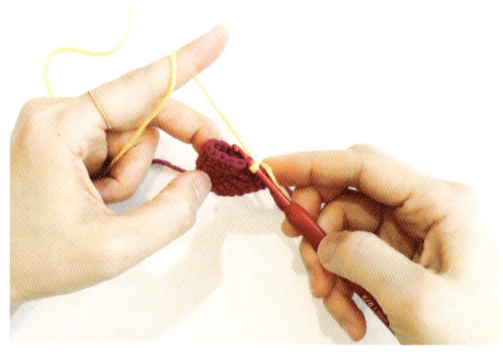

4. 이랑뜨기는 짧은뜨기 머리코 뒷줄 한 줄에만 바늘을 넣어 뜬다.

5. 이랑뜨기 1코 뜬 모습.

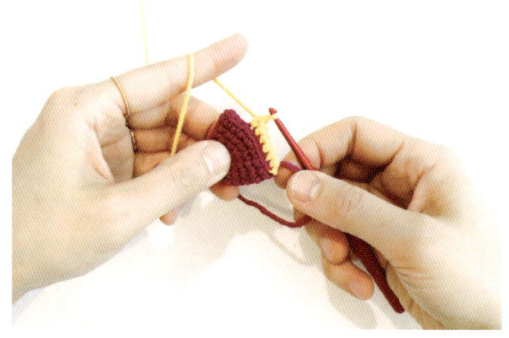

6. 이랑뜨기는 앞쪽으로 한 줄이 남아 줄기 모양으로 남는다.

02

감자

"음… 그냥 내가 하는 게 빠를 거야."

사용 실	밀키코튼 레드라벨(50g) 2검정(30cm), 14밀크커피(10g), 18베이지(10g)
사용 바늘	모사용 코바늘 5/0, 돗바늘, 자수바늘
부자재	솜, 가위, 핀셋

MBTI	**ISTJ (현실적인 관리자)** 묵묵히 제 할 일을 잘하는 성실한 친구 뒤에서 조용히 친구들을 든든하게 받쳐주는 존재
성격	책임감 있고 실용적인 원칙주의자 (소소한 유머 감각도 있음)

서술형 도안

▶ 베이지색으로 감자 시작하기

1단	매직링 만들기, 사슬뜨기, 짧은뜨기6, 빼뜨기 **(6코)**
2단	사슬뜨기, 늘려뜨기6, 빼뜨기 **(12코)**
3단	사슬뜨기, (짧은뜨기, 늘려뜨기)×6, 빼뜨기 **(18코)**
4단	사슬뜨기, (짧은뜨기2, 늘려뜨기)×6, 빼뜨기 **(24코)**
5~7단	사슬뜨기, 짧은뜨기24, 빼뜨기 **(24코)**
8단	사슬뜨기, 짧은뜨기8, **(손)**사슬뜨기5 두 번째 코부터 빼뜨기4, 짧은뜨기8, **(손)**사슬뜨기5 두 번째 코부터 빼뜨기4, 짧은뜨기8, 빼뜨기 **(24코)**
9단	사슬뜨기, 짧은뜨기24, 빼뜨기 **(24코)**
10단	사슬뜨기, (짧은뜨기3, 늘려뜨기)×6, 빼뜨기 **(30코)**
11~12단	사슬뜨기, 짧은뜨기30, 빼뜨기 **(30코)**
13단	사슬뜨기, 짧은뜨기10, **(발)**한길긴뜨기 5코 팝콘뜨기, 짧은뜨기8, **(발)**한길긴뜨기 5코 팝콘뜨기, 짧은뜨기10, 빼뜨기 **(30코)**
14단	사슬뜨기, (짧은뜨기3, 모아뜨기)×6, 빼뜨기 **(24코)**
15단	사슬뜨기, (짧은뜨기2, 모아뜨기)×6, 빼뜨기 **(18코)**

솜 넣기

16단	사슬뜨기, (짧은뜨기, 모아뜨기)×6, 빼뜨기 **(12코)**
17단	사슬뜨기, 모아뜨기6, 빼뜨기 **(6코)**

30cm 정도 실을 자르고 돗바늘로 마무리한다.

자수바늘로 눈과 입을 수놓는다.

만드는 법 영상
(감자)

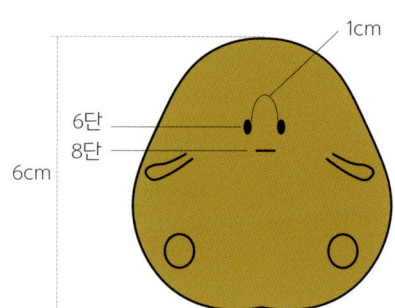

기호 도안

감자

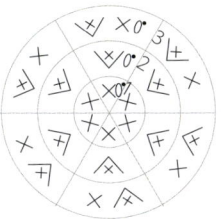

단수	코수
17	6
16	12
15	18
14	24
10~13	30
4~9	24
3	18
2	12
1	6

7. 두 코 뜬 모습.

8. 네 코 뜬 모습, 이어서 짧은뜨기와 손을 만든다.

토마토

"햇살이 따뜻해서 마음도 따듯~해졌어…"

사용 실	밀키코튼 레드라벨(50g) 2검정(30cm), 10빨강(10g), 56녹색(2g)
사용 바늘	모사용 코바늘 5/0, 돗바늘, 자수바늘
부자재	솜, 가위, 핀셋

MBTI	**INFP (감성적인 중재자)**
	상상력이 풍부하고 감수성이 예민한 친구
	그림 그리기와 일기 쓰기를 좋아할 듯한 로맨티스트
성격	감성적이고 상상력이 풍부함

서술형 도안

▶ 빨간색으로 토마토 시작하기

1단 매직링 만들기, 사슬뜨기, 짧은뜨기8, 빼뜨기 **(8코)**

2단 사슬뜨기, 늘려뜨기8, 빼뜨기 **(16코)**

3단 사슬뜨기, (짧은뜨기, 늘려뜨기)×3, **(발)**사슬뜨기10 다섯 번째 코부터 빼뜨기6(짧은뜨기, 늘려뜨기)×2, **(발)**사슬뜨기10 다섯 번째 코부터 빼뜨기6, (짧은뜨기, 늘려뜨기)×3, 빼뜨기 **(24코)**

4단 사슬뜨기, (짧은뜨기2, 늘려뜨기)×8, 빼뜨기 **(32코)**

5~8단 사슬뜨기, 짧은뜨기32, 빼뜨기 **(32코)**

9단 사슬뜨기, 짧은뜨기9, **(손)**사슬뜨기6, 네 번째 코부터 빼뜨기3, 짧은뜨기14, **(손)**사슬뜨기6, 네 번째 코부터 빼뜨기3, 짧은뜨기9, 빼뜨기 **(32코)**

10~11단 사슬뜨기, 짧은뜨기32, 빼뜨기 **(32코)**

12단 사슬뜨기, (짧은뜨기2, 모아뜨기)×8, 빼뜨기 **(24코)**

13단 사슬뜨기, (짧은뜨기, 모아뜨기)×8, 빼뜨기 **(16코)**

솜 넣기

14단 사슬뜨기, 모아뜨기8, 빼뜨기 **(8코)**

▶ 녹색으로 바꾸기

15단 사슬뜨기, 짧은뜨기8, 빼뜨기 **(8코)**

16단 (사슬뜨기4, 빼뜨기)×8

▶ 녹색으로 줄기 뜨기

30cm 정도 실을 자른다.

새로운 실로 이중 사슬뜨기 12코를 뜨고 끝부분을 매듭으로 묶어서 매듭이 완성된 토마토 16단 안으로 넣은 뒤 돗바늘로 고정시켜준다.

검정실로 자수바늘을 사용하여 눈과 입을 수놓는다.

기호 도안

토마토

단수	코수
14~15	8
13	16
12	24
4~11	32
3	24
2	16
1	8

줄기(이중사슬뜨기)

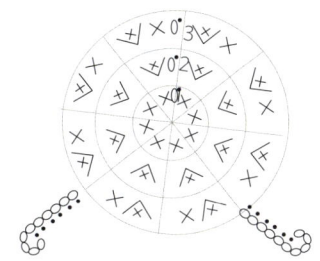

과정 사진

1. 토마토 다리는 사슬뜨기 10코를 뜬다.

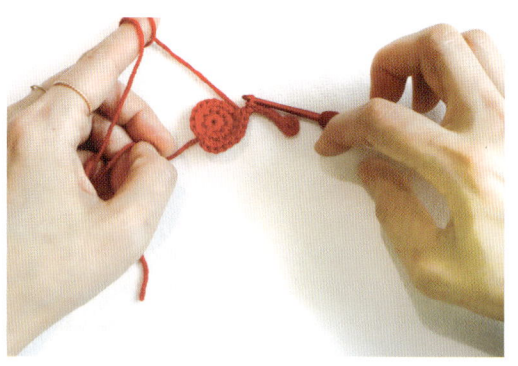

2. 다섯 번째 사슬코부터 빼뜨기 6코를 뜬다.

3. 발 2개가 완성된 모습.

4. 9단에서 손은 사슬뜨기 6코를 뜬다.

5. 네 번째 사슬코부터 빼뜨기 3코를 뜨며 양손을 만든다.

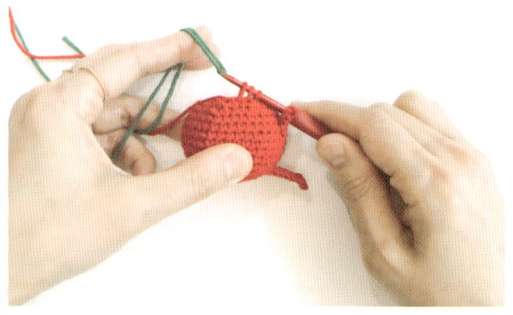

6. 14단 마지막 코에서 녹색 실로 바꿀 준비를 한다.

7. 실 색상이 바뀐 모습.

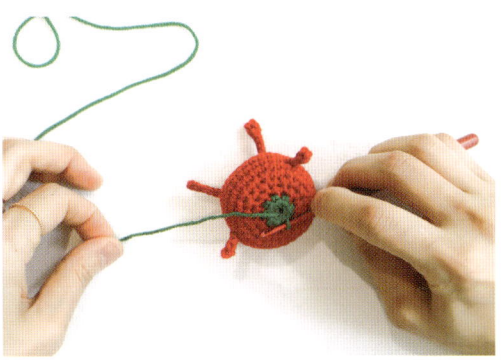

8. 녹색 실로 짧은뜨기 8코를 뜬다.

9. 토마토 꼭지는 사슬뜨기 4코로 시작한다.

10. 다음 코에 빼뜨기를 한다.

11. 8개의 꼭지는 사슬뜨기4, 빼뜨기를 반복하여 만든다.

12. 30cm 정도 실을 남기고 사슬뜨기 준비 고리를 만든다.

13. 남긴 실을 코바늘 앞에서 뒤로 넘긴다.

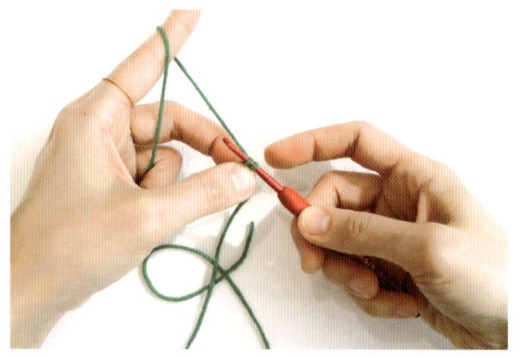

14. 코바늘에 걸린 두 줄을 손으로 잘 잡는다.

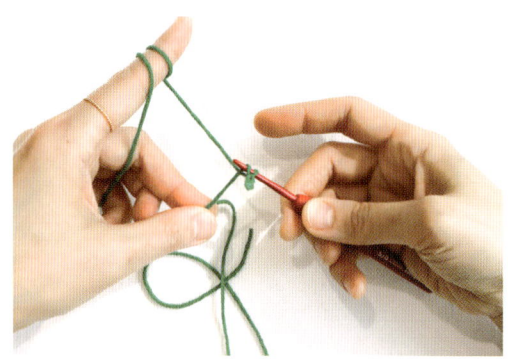

15. 실을 걸어 두 줄을 모두 뺀다.

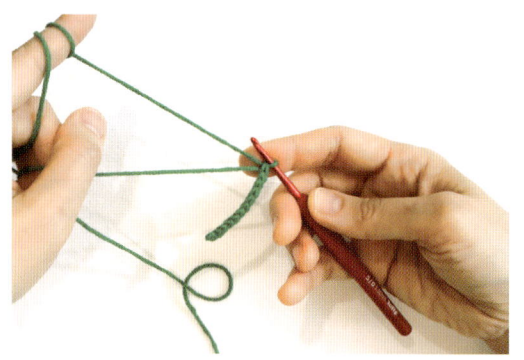

16. 12코를 반복해서 이중사슬뜨기를 뜬다.

17. 12코의 끝에 매듭이 생기도록 묶는다.

18. 토마토 16단 몸통 안으로 매듭을 넣고 돗바늘로 빠지지 않게 마무리한다.

05

대파

"얘들아~ 다들 밥 먹었지?!"

사용 실	밀키코튼 레드라벨(50g) 1바닐라(3g), 2검정(30cm), 41초코(2g), 47베베그린(2g), 56녹색(5g)
사용 바늘	모사용 코바늘 5/0, 돗바늘, 자수바늘
부자재	솜, 가위, 핀셋

MBTI	**ESFJ (사교적인 돌봄이)** 어디서든 먼저 인사하고 챙기는 다정한 성격 친구들 사이에서 분위기 메이커이자 엄마 같은 존재
성격	모두를 잘 챙기는 따뜻하고 활발한 분위기 메이커

서술형 도안

만드는 법 영상
(대파)

▶ 녹색으로 대파 줄기 시작하기

1단   매직링 만들기, 사슬뜨기, 짧은뜨기8, 빼뜨기 **(8코)**

2~10단 사슬뜨기, 짧은뜨기8, 빼뜨기 **(8코)**

10cm 정도 실을 자른다.

▶ 녹색으로 두 번째 대파 줄기 시작하기

1단   매직링 만들기, 사슬뜨기, 짧은뜨기8, 빼뜨기 **(8코)**

2~7단   사슬뜨기, 짧은뜨기8, 빼뜨기 **(8코)**

실을 자르지 않고 첫 번째 줄기 빼뜨기 자리에 빼뜨기로 두 줄기를 연결한다.

두 개의 줄기 원형을 하나의 원형으로 짧은뜨기로 뜬다.

8단   빼뜨기로 줄기 연결, 사슬뜨기, 짧은뜨기16, 빼뜨기 **(16코)**

9단   사슬뜨기, (짧은뜨기2, 모아뜨기)×4, 빼뜨기 **(12코)**

▶ 베베그린색으로 바꾸기

10~12단 사슬뜨기, 짧은뜨기12, 빼뜨기 **(12코)**

▶ 바닐라색으로 바꾸기

13~19단 사슬뜨기, 짧은뜨기12, 빼뜨기 **(12코)**

솜 넣기

뿌리 부분, 갈색 실 10가닥을 8cm 정도 자른 다음 한쪽 끝 부분을 묶어서 몸통 안으로 넣어준다.

20단   사슬뜨기, 모아뜨기6, 빼뜨기 **(6코)**

20cm 정도 실을 잘라서 뿌리 부분이 빠지지 않게 마무리한다.

뿌리는 2cm 정도 가위로 남기고 잘라서 정리한다.

자수바늘로 눈과 입을 수놓는다.

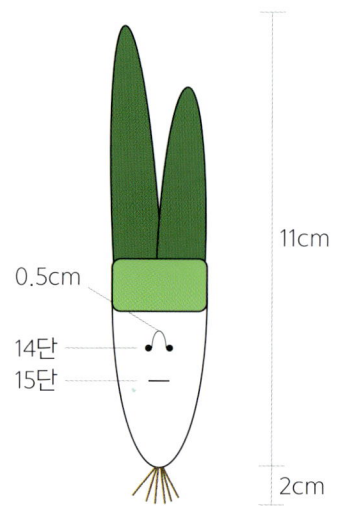

기호 도안

대파

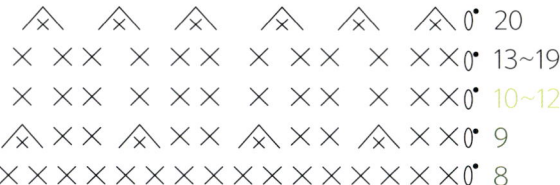

단수	코수
20	6
9~19	12
8	16
1~7(10)	8(8)

과정 사진

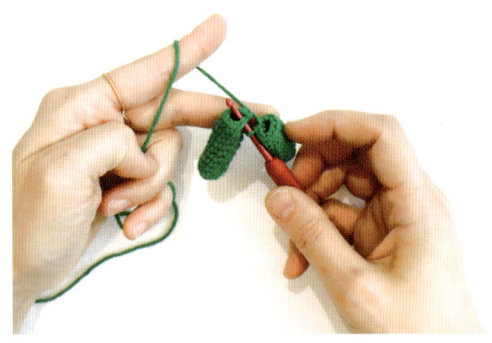

1. 두 번째 대파 줄기에서 실을 자르지 않고, 첫 번째 줄기 첫 코에 빼뜨기로 연결한다.

2. 사슬뜨기(기둥코) 1코를 뜬다.

3. 짧은뜨기를 8코 뜬다.

4. 다음 줄기 첫 번째 코부터 짧은뜨기 8코를 뜬다.

5. 9단 마지막 미완성 짧은뜨기에서 색을 바꿀 준비를 한다.

6. 빼뜨기를 하고 기둥코를 뜬 다음 이어서 뜬다.

7. 뿌리 실 10cm 10가닥을 한쪽으로 매듭지어 묶는다.

8. 매듭을 대파 20단 안으로 넣어준다.

9. 바깥쪽 한 줄씩 돗바늘을 사용해 걸어준다.

10. 당겨서 모아준 다음, 매듭이 빠지지 않게 여러 번 통과시켜 마무리한다.

11. 뿌리를 1~2cm 정도 잘라준다.

06

당근

"좋아! 오늘도 활기차게 시작해보자~!"

사용 실	밀키코튼 레드라벨(50g) 2검정(30cm), 37연두(2g), 52오렌지(8g)
사용 바늘	모사용 코바늘 5/0, 돗바늘, 자수바늘
부자재	솜, 가위, 핀셋

MBTI	**ENFP (열정적인 활동가)** 에너지가 넘치고 아이디어가 많음 모두를 웃게 만드는 유쾌한 장난꾸러기
성격	에너지 넘치고 잘 웃는 밝은 리더형

서술형 도안

▶ 오렌지색으로 당근 시작하기

1단	매직링 만들기, 사슬뜨기, 짧은뜨기5, 빼뜨기 **(5코)**
2단	사슬뜨기, 늘려뜨기5, 빼뜨기 **(10코)**
3단	사슬뜨기, 짧은뜨기10, 빼뜨기 **(10코)**
4단	사슬뜨기, (짧은뜨기4, 늘려뜨기)×2, 빼뜨기 **(12코)**
5단	사슬뜨기, (짧은뜨기5, 늘려뜨기)×2, 빼뜨기 **(14코)**
6단	사슬뜨기, (짧은뜨기6, 늘려뜨기)×2, 빼뜨기 **(16코)**
7단	사슬뜨기, (짧은뜨기7, 늘려뜨기)×2, 빼뜨기 **(18코)**
8단	사슬뜨기, (짧은뜨기8, 늘려뜨기)×2, 빼뜨기 **(20코)**
9단	사슬뜨기, (짧은뜨기9, 늘려뜨기)×2, 빼뜨기 **(22코)**
10단	사슬뜨기, (짧은뜨기10, 늘려뜨기)×2, 빼뜨기 **(24코)**
11단	사슬뜨기, 짧은뜨기24, 빼뜨기 **(24코)**
12단	사슬뜨기, (짧은뜨기4, 모아뜨기)×4, 빼뜨기 **(20코)**
13단	사슬뜨기, (짧은뜨기3, 모아뜨기)×4, 빼뜨기 **(16코)**
14단	사슬뜨기, (짧은뜨기2, 모아뜨기)×4, 빼뜨기 **(12코)**

만드는 법 영상
(당근)

▶ 연두색으로 바꾸기

15단   사슬뜨기, 짧은뜨기12, 빼뜨기 **(12코)**

15단에 12코를 3등분으로 4코씩 나눈다.

16단   사슬뜨기, (짧은뜨기, 늘려뜨기)×2, 빼뜨기 **(6코)**

17단   사슬뜨기, 짧은뜨기6, 빼뜨기 **(6코)**

20cm 정도 실을 자르고 돗바늘로 마무리 후 새 실로 두 번째 잎을 뜬다.

16단   사슬뜨기, (짧은뜨기, 늘려뜨기)×2, 빼뜨기 **(6코)**

17~18단 사슬뜨기, 짧은뜨기6, 빼뜨기 **(6코)**

20cm 정도 실을 자르고 돗바늘로 마무리 후 새 실로 세 번째 잎을 뜬다.

16단   사슬뜨기, (짧은뜨기, 늘려뜨기)×2, 빼뜨기 **(6코)**

17단   사슬뜨기, 짧은뜨기6, 빼뜨기 **(6코)**

20cm 정도 실을 자르고 돗바늘로 마무리한다.

검정 실로 자수바늘을 사용하여 눈과 입을 수놓는다.

기호 도안

당근

단수	코수
16~18	6
14~15	12
13	16
12	20
10~11	24
9	22
8	20
7	18
6	16
5	14
4	12
2~3	10
1	5

과정 사진

1. 14단 마지막 코 모아뜨기에서 실 바꿀 준비를 한다.

2. 연두색으로 15단 짧은뜨기를 뜬다.

3. 첫 줄기 짧은뜨기 2코를 뜬다.

4. 당근을 돌려서 15단 11, 12번째 코에 짧은뜨기, 늘려뜨기를 뜨고 빼뜨기를 한다.

5. 첫 번째 줄기 17단을 뜨고 실을 자른다

6. 새 실을 걸어온다.

7. 두 번째 줄기 17단을 뜨고 실을 자른다.

8. 뒤로 돌린다.

9. 짧은뜨기, 늘려뜨기를 뜨고 빼뜨기를 한다.

10. 17단: 짧은뜨기 6코를 뜬다.

11. 18단: 짧은뜨기 6코를 뜬다.

12. 같은 방법으로 세 번째 줄기도 만든다.

13. 돗바늘로 모아준다.

14. 실을 숨긴다.

07

가지

"그건… 이론적으로 좀 말이 안 되는데?"

사용 실	밀키코튼 레드라벨(50g) 2검정(30cm), 45보라(8g), 56녹색(2g)
사용 바늘	모사용 코바늘 5/0, 돗바늘, 자수바늘
부자재	솜, 가위, 핀셋

MBTI	**INTP (논리적인 사색가)** 조용하고 혼자 있는 걸 좋아하지만 생각이 깊은 스타일 자기만의 철학과 유머 코드가 있음
성격	조용하지만 머릿속엔 아이디어가 넘치는 똑똑이

서술형 도안

▶ 보라색으로 가지 시작하기

1단	매직링 만들기, 사슬뜨기, 짧은뜨기6, 빼뜨기 **(6코)**
2단	사슬뜨기, 늘려뜨기6, 빼뜨기 **(12코)**
3단	사슬뜨기, (짧은뜨기, 늘려뜨기)×6, 빼뜨기 **(18코)**
4단	사슬뜨기, (짧은뜨기2, 늘려뜨기)×6, 빼뜨기 **(24코)**
5~6단	사슬뜨기, 짧은뜨기24, 빼뜨기 **(24코)**
7단	사슬뜨기, 짧은뜨기8, **(손)**사슬뜨기5 두 번째 코부터 빼뜨기4, 짧은뜨기8, **(손)**사슬뜨기5 두 번째 코부터 빼뜨기4, 짧은뜨기8, 빼뜨기
8단	사슬뜨기, 짧은뜨기24, 빼뜨기 **(24코)**
9단	사슬뜨기, 짧은뜨기2, 모아뜨기2, 짧은뜨기12, 모아뜨기2, 짧은뜨기2, 빼뜨기 **(20코)**
10단	사슬뜨기, 짧은뜨기20, 빼뜨기 **(20코)**
11단	사슬뜨기, 짧은뜨기2, 모아뜨기, 짧은뜨기12, 모아뜨기, 짧은뜨기2, 빼뜨기 **(18코)**
12단	사슬뜨기, 짧은뜨기18, 빼뜨기 **(18코)**
13단	사슬뜨기, 짧은뜨기2, 모아뜨기, 짧은뜨기10, 모아뜨기, 짧은뜨기2, 빼뜨기 **(16코)**
14단	사슬뜨기, 짧은뜨기16, 빼뜨기 **(16코)**
15단	사슬뜨기, 짧은뜨기2, 모아뜨기, 짧은뜨기8, 모아뜨기, 짧은뜨기2, 빼뜨기 **(14코)**
16단	사슬뜨기, 짧은뜨기14, 빼뜨기 **(14코)**
17단	사슬뜨기, 짧은뜨기2, 모아뜨기, 짧은뜨기6, 모아뜨기, 짧은뜨기2, 빼뜨기 **(12코)**

솜 넣기

18단	사슬뜨기, 모아뜨기6, 빼뜨기 **(6코)**

▶ 녹색으로 시작하기

1단	매직링 만들기, 사슬뜨기, 짧은뜨기6, 빼뜨기 **(6코)**
2~3단	사슬뜨기, 짧은뜨기6, 빼뜨기 **(6코)**
4단	사슬뜨기, 사슬뜨기3, 두 번째 코부터 빼뜨기×6, 빼뜨기

30cm 정도 실을 자르고 가지 몸통에 연결한다.

자수바늘로 눈과 입을 수놓는다.

만드는 법 영상
(가지)

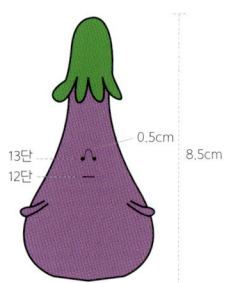

기호 도안

가지

단수	코수
18	6
17	12
15~16	14
13~14	16
11~12	18
9~10	20
4~8	24
3	18
2	12
1	6

가지 꼭지

과정 사진

1. 가지 꼭지는 4단에서 사슬뜨기 3코로 줄기 모양을 만든다.

2. 두 번째 코부터 빼뜨기 2코를 뜬다.

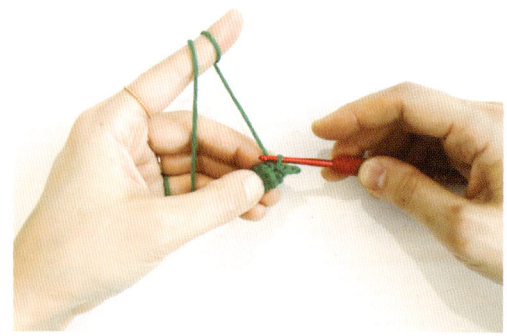

3. 다음 코에 짧은뜨기를 한다.

4. 위 과정을 여섯 번 반복하여 가지 꼭지를 완성한다.

5. 돗바늘을 사용해 가지 몸통에 꼭지를 연결한다.

08

알타리무

"말은 없지만, 마음은 누구보다 따뜻해…"

사용 실	밀키코튼 레드라벨(50g) 1바닐라(7g), 2검정(30cm), 56녹색(3g)
사용 바늘	모사용 코바늘 5/0, 돗바늘, 자수바늘
부자재	솜, 가위, 핀셋

MBTI	**INFJ (통찰력 있는 조언자)**	
	겉은 무뚝뚝하지만 속은 여리고 섬세함	
	친구들의 고민을 잘 들어주는 조용한 철학자	
성격	조용하고 깊은 생각을 지닌 철학자 타입	

서술형 도안

▶ 바닐라색으로 알타리무 시작하기

1단	사슬뜨기4, 두 번째 사슬코부터 늘려뜨기, 짧은뜨기, 늘려뜨기2, 짧은뜨기, 늘려뜨기, 빼뜨기 **(10코)**
2단	사슬뜨기, 늘려뜨기2, 짧은뜨기, 늘려뜨기4, 짧은뜨기, 늘려뜨기2, 빼뜨기 **(18코)**
3단	사슬뜨기, 짧은뜨기3, **(발)**긴뜨기 4코 팝콘뜨기, 짧은뜨기, **(발)**긴뜨기 4코 팝콘뜨기, 짧은뜨기12, 빼뜨기 **(18코)**
4~6단	사슬뜨기, 짧은뜨기18, 빼뜨기 **(18코)**
7단	사슬뜨기, 짧은뜨기2, **(손)**사슬뜨기5 두 번째 사슬코부터 빼뜨기4, 짧은뜨기6, **(손)**사슬뜨기5 두 번째 사슬코부터 빼뜨기4, 짧은뜨기10, 빼뜨기 **(18코)**
8~12단	사슬뜨기, 짧은뜨기18, 빼뜨기 **(18코)**

만드는 법 영상
(알타리무)

▶ 녹색으로 바꾸기

13단	사슬뜨기, 짧은뜨기18, 빼뜨기 **(18코)**

솜 넣기

14단	사슬뜨기, 짧은뜨기 3코 모아뜨기6, 빼뜨기 **(6코)**
15단	(사슬뜨기4, 두 번째 사슬코에 짧은뜨기 3코 늘려뜨기, 다음 코부터 빼뜨기2, 14단 다음 코에 빼뜨기)×6

30cm 정도 실을 자르고 돗바늘로 마무리한다.

자수바늘로 눈과 입을 수놓는다.

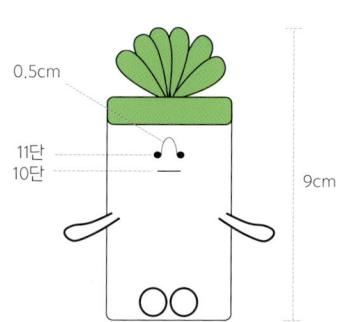

기호 도안

알타리무

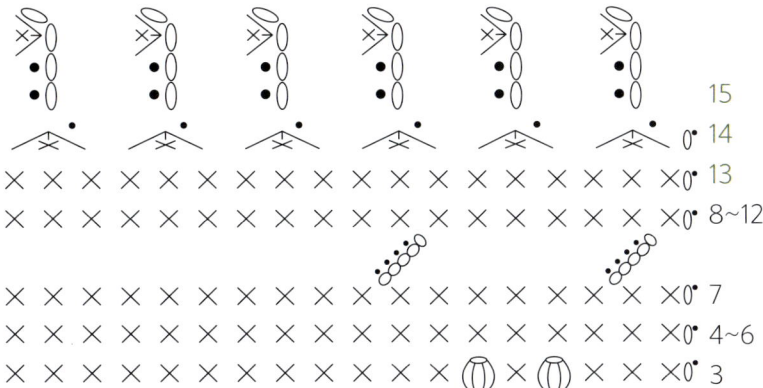

단수	코수
14	6
2~13	18
1	10

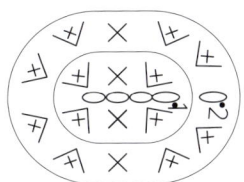

과정 사진

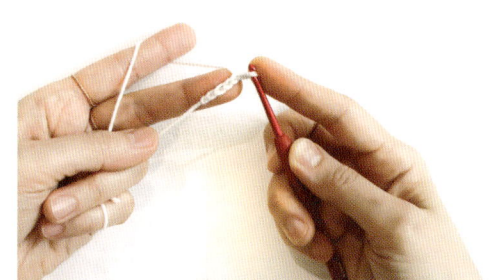

1. 사슬뜨기 4코를 뜬다.

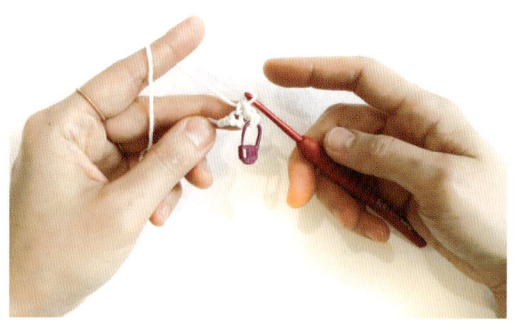

2. 두 번째 코부터 늘려뜨기, 짧은뜨기를 뜬다.

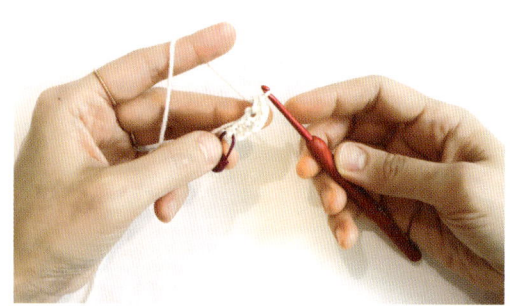

3. 마지막 코에 늘려뜨기 2번(짧은뜨기 4코)을 뜬다.

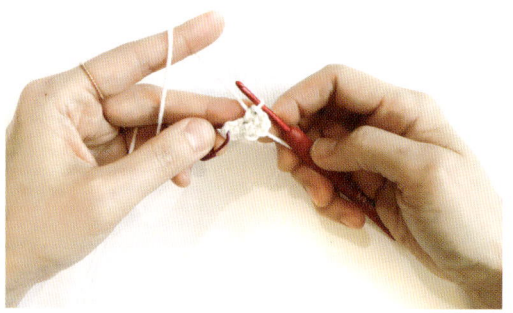

4. 짧은뜨기 1코 뜬다.

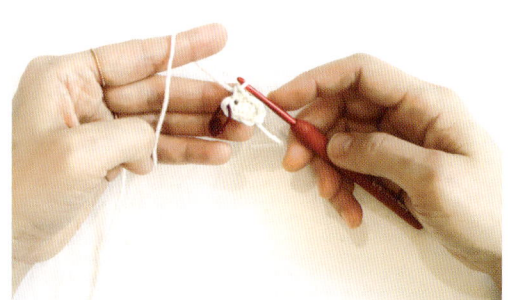

5. 첫 코와 같은 자리에 늘려뜨기를 뜬다.

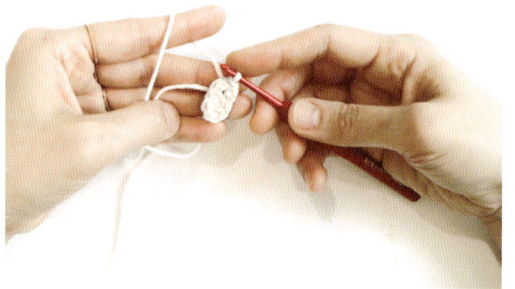

6. 첫 코에 빼뜨기를 하면 1단 완성.

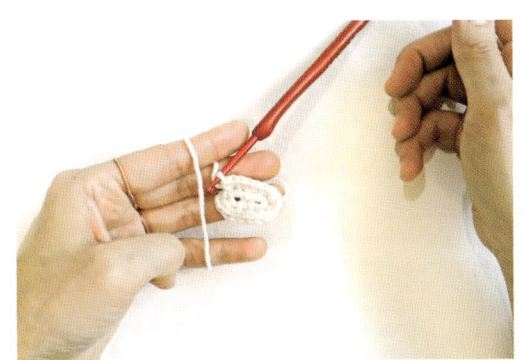

7. 2단을 뜬 모습.

8. 3단: 발에 긴뜨기 4코를 같은 자리에 뜬다.

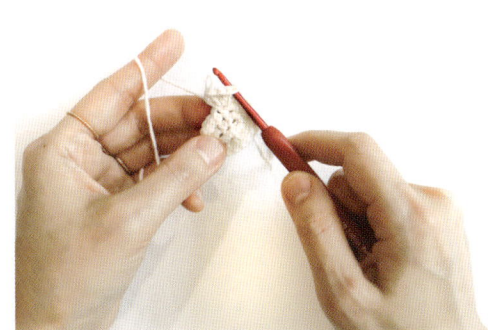

9. 코바늘을 빼서 첫 코에 통과시킨다.

10. 빼뒀던 고리를 걸어 뜨면 긴뜨기 4코 팝콘뜨기 완성.

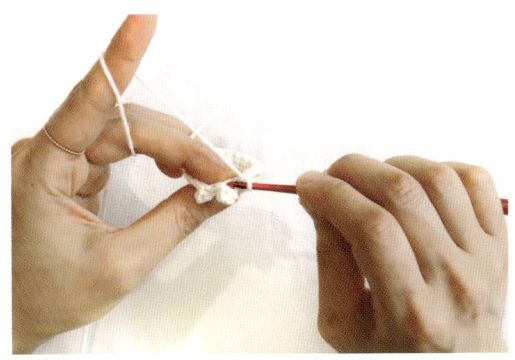

11. 4단: 팝콘뜨기 위에 짧은뜨기를 뜨는 자리.

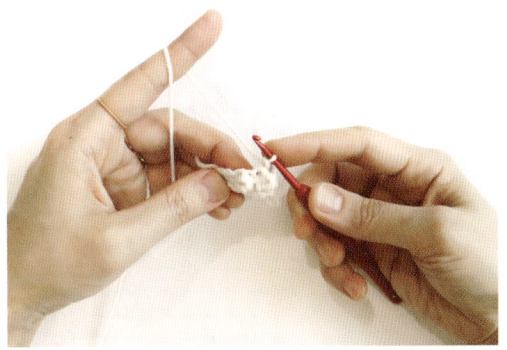

12. 발 사이 짧은뜨기 1코 위에서 짧은뜨기를 뜬다.

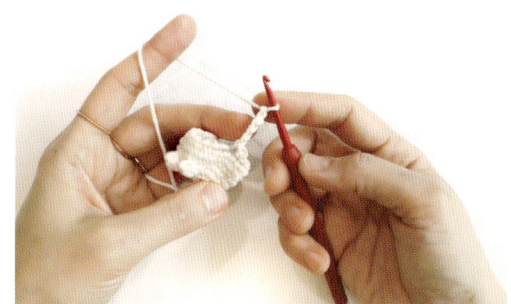

13. 7단 손 만들기: 사슬뜨기 5코를 뜨고 두 번째 코부터 빼뜨기 4코를 뜬다.

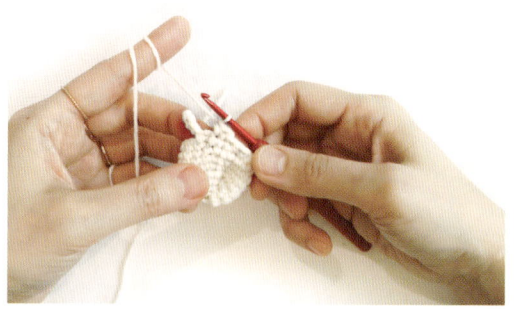

14. 8단: 짧은뜨기 2코를 뜬 모습.

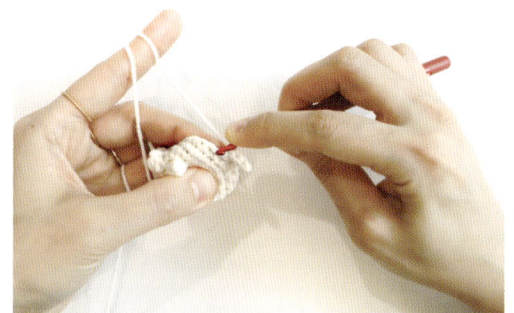

15. 손이 안쪽으로 들어가지 않도록 바깥쪽으로 눌러주고 이어서 뜬다.

16. 12단 마지막 미완성 짧은뜨기에서 실을 바꾼다.

17. 기둥코를 뜨고 짧은뜨기를 이어 뜬다.

18. 14단: 미완성 3코 모아뜨기.

19. 바늘에 걸린 4줄을 한 번에 뜬다.

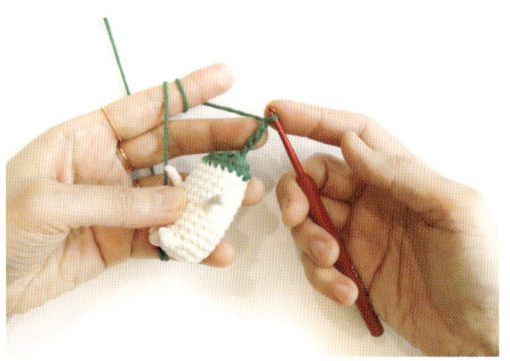

20. 열무 줄기: 사슬뜨기 4코를 뜬다.

21. 두 번째 코에 늘려뜨기를 한다.

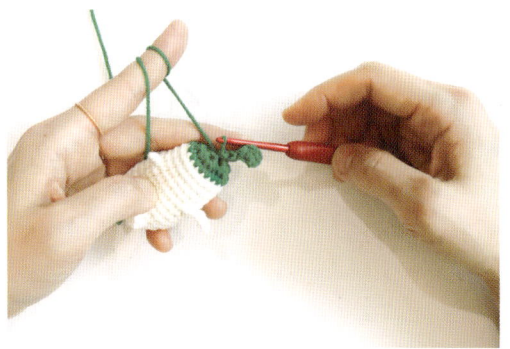

22. 사슬에 이어서 빼뜨기 2코를 뜨고, 다음 코에 빼뜨기로 줄기 1개 완성.

23. 같은 방법으로 줄기 5개를 더 만들고 실을 마무리한다.

09

고추

"이대로 직진! 매운맛을 보여줄게!"

사용 실	밀키코튼 레드라벨(50g) 1바닐라(2g), 2검정(30cm), 10빨강(5g), 56녹색(5g), 37연두(2g)
사용 바늘	모사용 코바늘 5/0, 돗바늘, 자수바늘
부자재	솜, 가위, 핀셋

MBTI	**ESTP (모험을 즐기는 활동가)**
	불 같은 에너지! 과감하고 순간판단력이 뛰어난 행동파
	친구들 사이에서 반전 매력으로 인기가 많음
성격	직진 본능, 불 같은 액션파

서술형 도안

만드는 법 영상
(고추)

▶ 빨간색으로 고추 시작하기

캉캉드레스 무늬를 만드려면 10단, 11단은 아래 '캉캉드레스 만들기' 도안을 참고하여 뜬다.

1단 매직링 만들기, 사슬뜨기, 짧은뜨기4, 빼뜨기 **(4코)**

2단 사슬뜨기, (짧은뜨기, 늘려뜨기)×2, 빼뜨기 **(6코)**

3단 사슬뜨기, (짧은뜨기2, 늘려뜨기)×2, 빼뜨기 **(8코)**

4단 사슬뜨기, (짧은뜨기3, 늘려뜨기)×2, 빼뜨기 **(10코)**

5단 사슬뜨기, (짧은뜨기4, 늘려뜨기)×2, 빼뜨기 **(12코)**

6~7단 사슬뜨기, 짧은뜨기12, 빼뜨기 **(12코)**

8단 사슬뜨기, (짧은뜨기5, 늘려뜨기)×2, 빼뜨기 **(14코)**

9~10단 사슬뜨기, 짧은뜨기14, 빼뜨기 **(14코)**

11단 사슬뜨기, 짧은뜨기4, **(손)**사슬뜨기5, 두 번째 코부터 빼뜨기4, 짧은뜨기6, **(손)**사슬뜨기5, 두 번째 코부터 빼뜨기4, 짧은뜨기4, 빼뜨기 **(14코)**

12단 사슬뜨기, 짧은뜨기14, 빼뜨기 **(14코)**

13단 사슬뜨기, (짧은뜨기6, 늘려뜨기)×2, 빼뜨기 **(16코)**

14단 사슬뜨기, 짧은뜨기16, 빼뜨기 **(16코)**

15단 사슬뜨기, (짧은뜨기2, 모아뜨기)×4 , 빼뜨기 **(12코)**

솜 넣기

16단 사슬뜨기, (짧은뜨기, 모아뜨기)×4 , 빼뜨기 **(8코)**

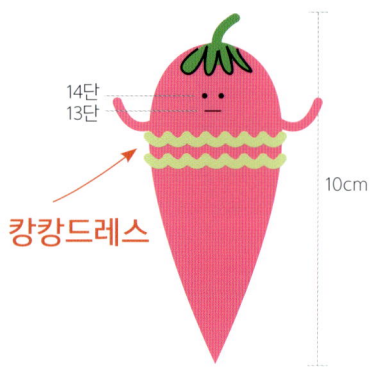

캉캉드레스

▶ 녹색으로 바꾸기

17단 사슬뜨기, 짧은뜨기8, 빼뜨기 **(8코)**

30cm 정도 실을 자른다.

이중사슬뜨기 12코를 뜨고 끝 부분에 매듭을 만들어 묶은 후 입구 안쪽으로 넣는다.

입구 부분을 30cm 정도 잘라둔 실로 돗바늘을 이용하여 매듭을 고정하면서 마무리한다.

▶ 캉캉드레스 만들기

10단 사슬뜨기, 이랑뜨기14, 빼뜨기 **(14코)**

11단 사슬뜨기, 이랑뜨기4, **(손)**사슬뜨기5, 두 번째 코부터 빼뜨기4, 이랑뜨기6, **(손)**사슬뜨기5, 두 번째 코부터 빼뜨기4, 이랑뜨기4, 빼뜨기

이랑뜨기 부분에 캉캉 드레스 바닐라색으로 새 실을 걸어준다.

10, 11단 (사슬뜨기3, 빼뜨기) 반복하여 뜬다.

10단 뜨기 실을 자르고 11단에 새 실을 걸어서 뜨면 깔끔하게 마무리할 수 있다.

기호 도안

고추

단수	코수
16~17	8
15	12
14	16
13	16
8~12	14
5~7	12
4	10
3	8
2	6
1	4

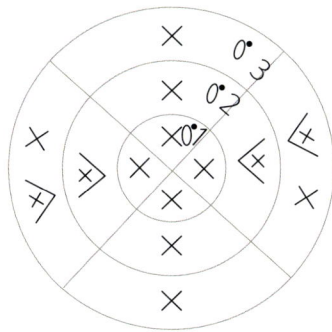

캉캉고추

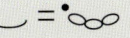

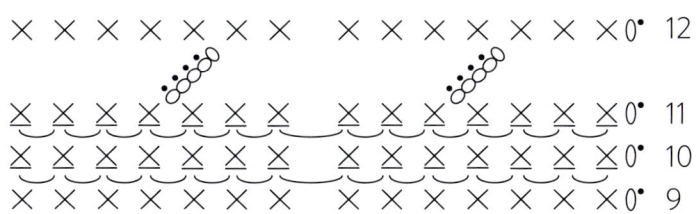

과정 사진

1. 고추 16단 마지막 코에서 실 색상을 바꿀 준비를 한다.

2. 연두색 실로 빼뜨기한 모습.

3. 17단에서 짧은뜨기를 뜬 모습.

4. 30cm 정도 실을 남기고 사슬뜨기 준비 고리를 만든다.

5. 남긴 실을 코바늘 앞에서 뒤로 넘긴다.

6. 코바늘에 걸린 두 줄을 잘 잡는다.

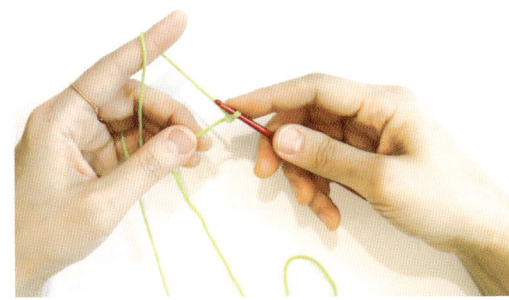

7. 실을 걸어 두 줄을 뺀다.

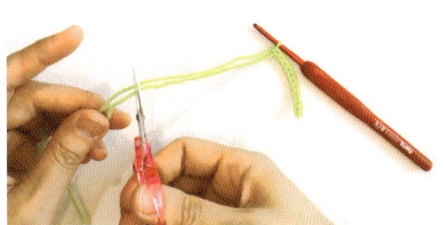

8. 12코를 반복해서 이중사슬뜨기를 뜬다.

9. 12코 끝부분에 매듭이 생기도록 묶는다.

10. 매듭을 17단 몸통 안쪽으로 넣고 돗바늘로 한 코씩 걸어준다.

11. 실을 바짝 당기면 구멍이 깔끔하게 마무리된다.

12. 꼭지가 빠지지 않도록 돗바늘로 실을 통과시켜 정리한다.

10

완두콩

"완두완두~ 완두 형제 출동이요!"

사용 실	밀키코튼 레드라벨(50g) 2검정(30cm), 32라임(8g), 55그린파파(10g)
사용 바늘	모사용 코바늘 5/0, 돗바늘, 자수바늘
부자재	솜, 가위, 핀셋

MBTI	ENFP (쌍둥이 활력러) 항상 친구들과 붙어 있고 함께 움직이는 걸 좋아함 귀엽고 수다 많고 호기심도 많음
성격	재잘재잘 수다쟁이, 귀엽고 친화력 갑!

서술형 도안

▶ 연두색으로 완두콩 만들기 (2개)

만드는 법 영상
(완두콩)

단	
1단	매직링 만들기, 사슬뜨기, 짧은뜨기6, 빼뜨기 **(6코)**
2단	사슬뜨기, 늘려뜨기2, (발)사슬뜨기6 다섯 번째 사슬코부터 빼뜨기2, 늘려뜨기2, (발)사슬뜨기6 다섯 번째 사슬코부터 빼뜨기2, 늘려뜨기2, 빼뜨기 **(12코)**
3단	사슬뜨기, (짧은뜨기, 늘려뜨기)×6, 빼뜨기 **(18코)**
4~5단	사슬뜨기, 짧은뜨기18, 빼뜨기 **(18코)**
6단	사슬뜨기, 짧은뜨기6, (발)사슬뜨기4 두 번째 사슬코부터 빼뜨기3, 짧은뜨기7, (발)사슬뜨기4 두 번째 사슬코부터 빼뜨기3, 짧은뜨기5, 빼뜨기 **(18코)**
7~8단	사슬뜨기, 짧은뜨기18, 빼뜨기 **(18코)**
9단	사슬뜨기, (짧은뜨기, 모아뜨기)×6, 빼뜨기 **(12코)**

솜 넣기

10단	사슬뜨기, 모아뜨기6, 빼뜨기 **(6코)**

▶ 그린파파색으로 콩깍지 만들기

1단	사슬뜨기15(기둥코 1코 포함), 두 번째 사슬코에 늘려뜨기, 짧은뜨기12, 마지막 코에 늘려뜨기2, 사슬 반대쪽으로 짧은뜨기12, 첫 코와 같은 자리에 늘려뜨기, 빼뜨기 **(32코)**
2단	사슬뜨기, 늘려뜨기2, 짧은뜨기12, 늘려뜨기4, 짧은뜨기12, 늘려뜨기2, 빼뜨기 **(40코)**
3~10단	사슬뜨기, 짧은뜨기40, 빼뜨기 **(40코)**
11단	빼뜨기40

20cm 정도 실을 자르고 마무리한다.

▶ 그린파파색으로 잎 만들기

1단	사슬뜨기6, 두 번째 사슬코에 짧은뜨기, 긴뜨기 늘려뜨기, 한길긴뜨기 늘려뜨기, 긴뜨기 늘려뜨기, 마지막 코에 짧은뜨기2, 사슬 반대쪽으로 긴뜨기 늘려뜨기, 한길긴뜨기 늘려뜨기, 긴뜨기 늘려뜨기, 첫 코와 같은 자리에 짧은뜨기, 빼뜨기 **(16코)**

30cm 정도 실을 자르고 콩깍지 윗부분에 고정시켜준다.

검정 실로 자수바늘을 사용하여 눈과 입을 수놓는다.

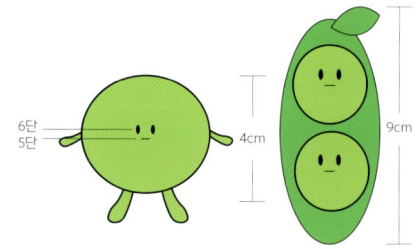

기호 도안

완두콩

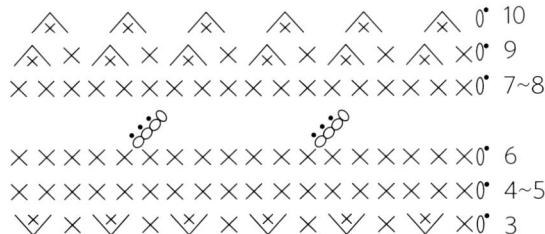

단수	코수
10	6
9	12
3~8	18
2	12
1	6

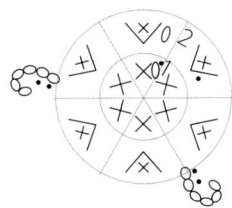

완두콩 껍질

단수	코수
2~11	40
1	32

잎

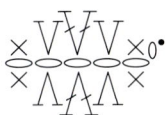

과정 사진

1. 밤 껍질과 코 수만 다르고 뜨는 방법은 같으니 참고해서 완두콩 껍질을 뜬다.

2. 완두콩 잎: 사슬뜨기 6코를 뜬다.

3. 두 번째 코에 짧은뜨기를 뜬다.

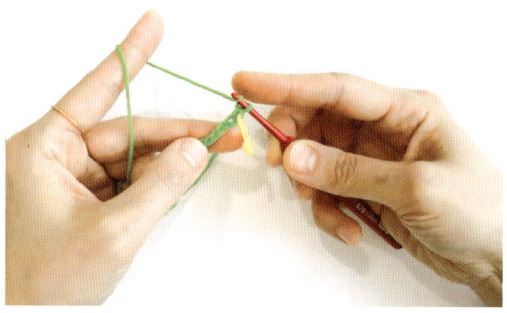

4. 긴뜨기: 바늘에 실을 걸어준다.

5. 세 번째 코에 바늘을 통과시켜 실을 끌어온다(바늘에 3줄).

6. 코바늘에 실을 걸어 한 번에 빼낸다.

7. 같은 자리에 긴뜨기를 1코 더 뜬다.

8. 한길긴뜨기: 바늘에 실을 걸어 2줄만 뜬다.

9. 남은 2줄을 모두 뜨면 한길긴뜨기. 같은 자리에 한 코 더 뜬다.

10. 긴뜨기 늘려뜨기와 마지막 코에 짧은뜨기 2코를 뜬다.

11. 사슬 반대쪽 시작 코 자리로 간다.

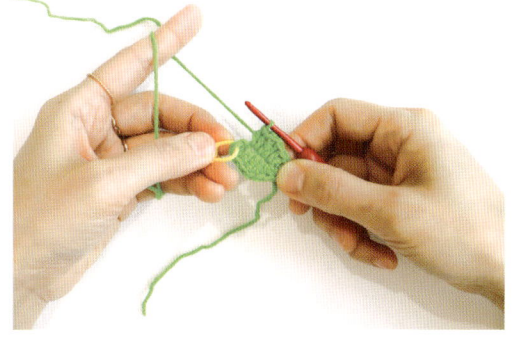

12. 긴뜨기 늘려뜨기, 한길긴뜨기 늘려뜨기, 긴뜨기 늘려뜨기를 뜬다.

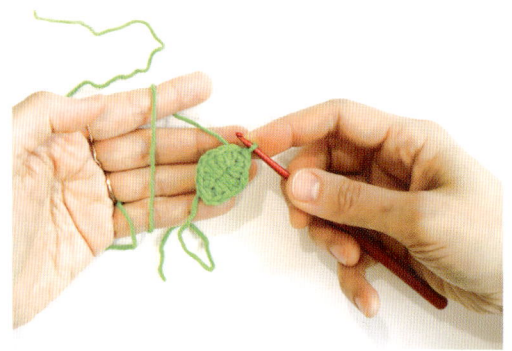 

13. 첫 코와 같은 자리에 짧은뜨기를 뜨고, 빼뜨기로 마무리한다.

14. 실을 30cm 정도 남기고 자른 뒤, 돗바늘로 껍질에 연결한다.

군밤

11

"굳이 말로 다 하지 않아도 알지?"

사용 실	밀키코튼 레드라벨(50g) 2검정(30cm), 18베이지(3g), 20노랑(5g), 41초코(5g)
사용 바늘	모사용 코바늘 5/0, 돗바늘, 자수바늘
부자재	솜, 가위, 핀셋

MBTI	**ISTP (만능 재주꾼)** 작고 단단한 몸에 실속형 낯은 가리지만 손재주가 좋아 뭐든 잘 만드는 타입
성격	조용하고 단단한 실력자

서술형 도안

▶ 노란색으로 밤알 만들기

만드는 법 영상
(군밤)

1단	사슬뜨기5, 두 번째 사슬코부터 늘려뜨기, 짧은뜨기2, 마지막 코에 늘려뜨기2, 사슬 반대쪽으로 짧은뜨기2, 첫 코와 같은 자리에 늘려뜨기, 빼뜨기 **(12코)**
2단	사슬뜨기, 늘려뜨기2, 짧은뜨기2, 늘려뜨기4, 짧은뜨기2, 늘려뜨기2, 빼뜨기 **(20코)**
3~5단	사슬뜨기, 짧은뜨기20, 빼뜨기 **(20코)**
6단	사슬뜨기, (짧은뜨기3, 모아뜨기)×4, 빼뜨기 **(16코)**
7단	사슬뜨기, (짧은뜨기2, 모아뜨기)×4, 빼뜨기 **(12코)**
8단	사슬뜨기, (짧은뜨기, 모아뜨기)×4, 빼뜨기 **(8코)**

솜 넣기

9단	사슬뜨기 모아뜨기4, 빼뜨기 **(4코)**

30cm 정도 실을 자르고 마무리한다.
검정 실로 자수바늘을 사용하여 눈과 입을 수놓는다.

▶ 베이지색으로 밤껍질 시작하기

1단	사슬뜨기7, 두 번째 사슬코부터 늘려뜨기, 짧은뜨기4, 마지막 코에 늘려뜨기2, 사슬 반대쪽으로 짧은뜨기4, 늘려뜨기, 빼뜨기 **(16코)**
2단	사슬뜨기, 늘려뜨기2, 짧은뜨기4, 늘려뜨기4, 짧은뜨기4, 늘려뜨기2, 빼뜨기 **(24코)**
3단	사슬뜨기, 짧은뜨기24, 빼뜨기 **(24코)**

초코색으로 바꾸기

4단	사슬뜨기, 짧은뜨기, **(손)**사슬뜨기4, 두 번째 사슬코부터 빼뜨기3, 짧은뜨기10, **(손)**사슬뜨기4, 두 번째 사슬코부터 빼뜨기3, 짧은뜨기13, 빼뜨기 **(24코)**
5단	사슬뜨기, 짧은뜨기24, 빼뜨기 **(24코)**
6단	사슬뜨기, 짧은뜨기2, 사슬뜨기8, 8코 건너뛰고 짧은뜨기14, 빼뜨기 **(24코)**
7단	사슬뜨기, 짧은뜨기24, 빼뜨기 **(24코)**
8단	사슬뜨기, (짧은뜨기4, 모아뜨기)×4, 빼뜨기 **(20코)**
9단	사슬뜨기, (짧은뜨기3, 모아뜨기)×4, 빼뜨기 **(16코)**
10단	사슬뜨기, (짧은뜨기2, 모아뜨기)×4, 빼뜨기 **(12코)**
11단	사슬뜨기, (짧은뜨기, 모아뜨기)×4, 빼뜨기 **(8코)**
12단	사슬뜨기 모아뜨기4, 빼뜨기 **(4코)**

20cm 정도 실을 자르고 마무리한다.

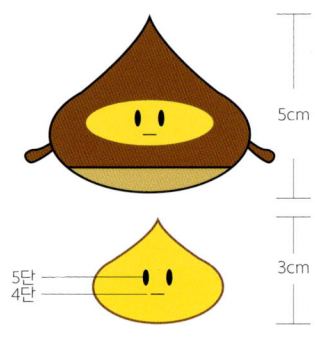

기호 도안

밤알

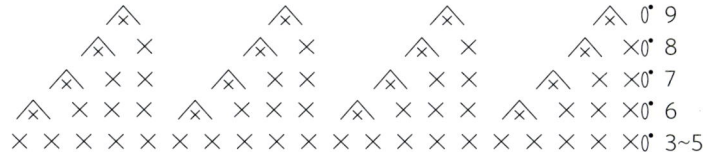

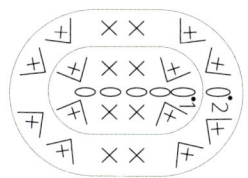

단수	코수
9	4
8	8
7	12
6	16
2~5	20
1	12

밤껍질

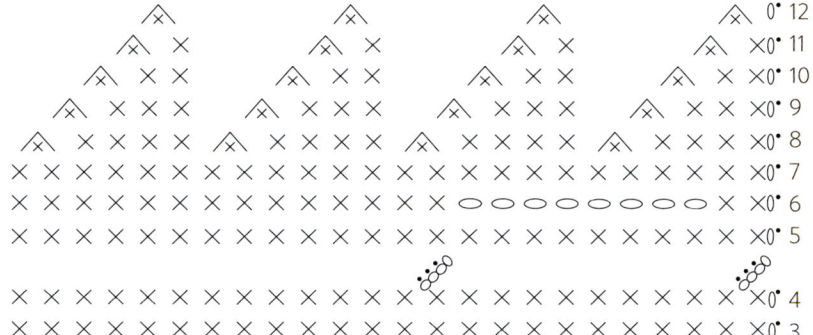

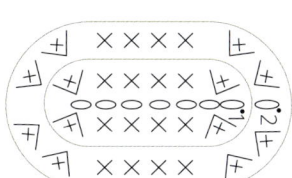

단수	코수
12	4
11	8
10	12
9	16
8	20
2~7	24
1	16

과정 사진

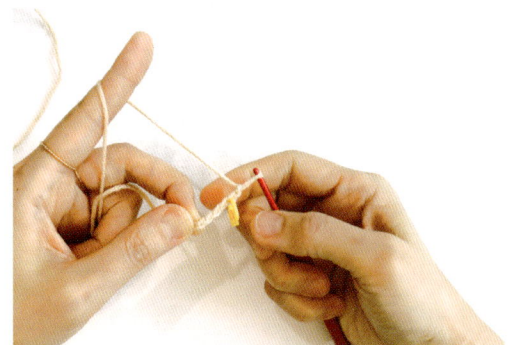

1. 군밤 껍질: 사슬뜨기 7코를 뜬다.

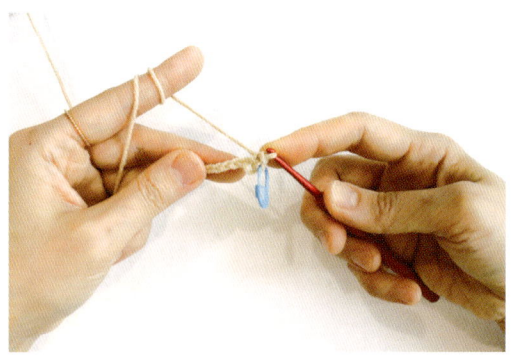

2. 두 번째 코에 늘려뜨기를 뜬다.

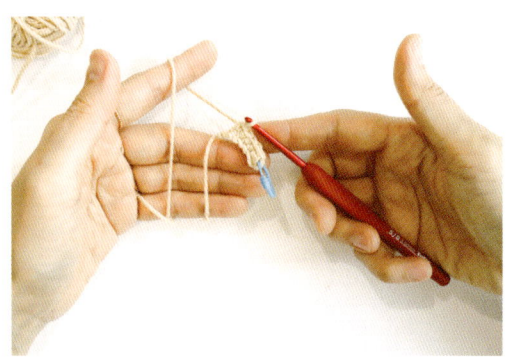

3. 사슬코에 짧은뜨기 4코를 뜬다.

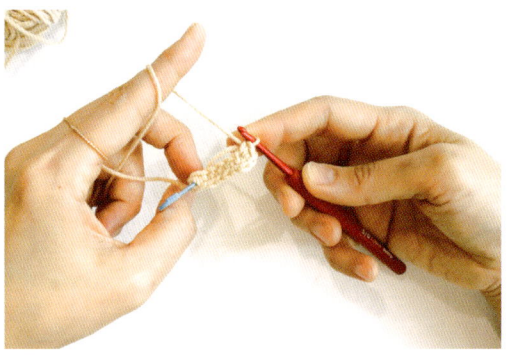

4. 마지막 코에 늘려뜨기 2번(짧은뜨기 4코)을 같은 자리에 뜬다.

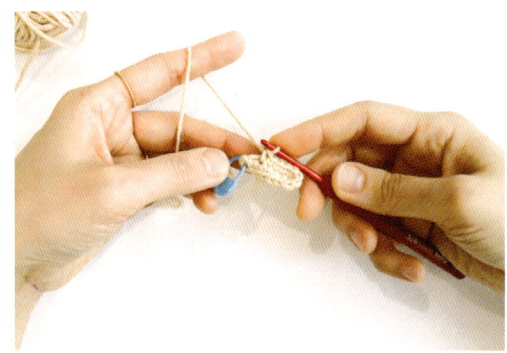

5. 사슬 반대쪽으로 짧은뜨기 4코를 뜬다.

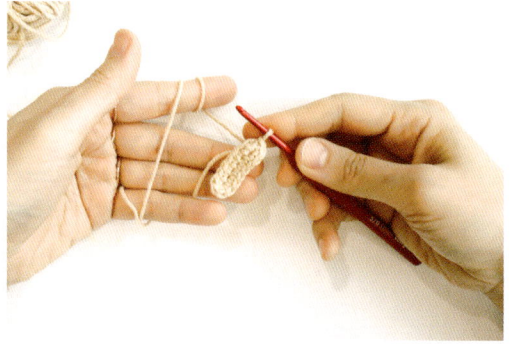

6. 첫 코와 같은 자리에 늘려뜨기를 뜨고, 빼뜨기를 한 모습.

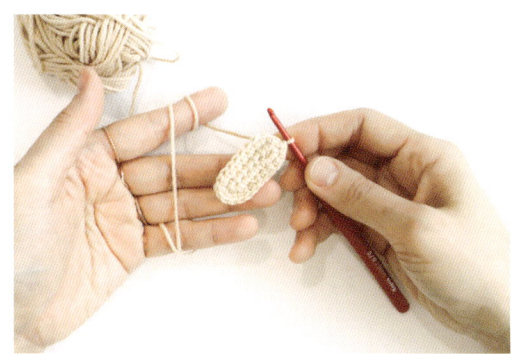

7. 2단을 뜬다.

8. 3단 마지막 코의 미완성 짧은뜨기에서 실을 바꿀 준비를 한다.

9. 첫 코에 짧은뜨기 1코, 사슬뜨기 4코를 뜬다.

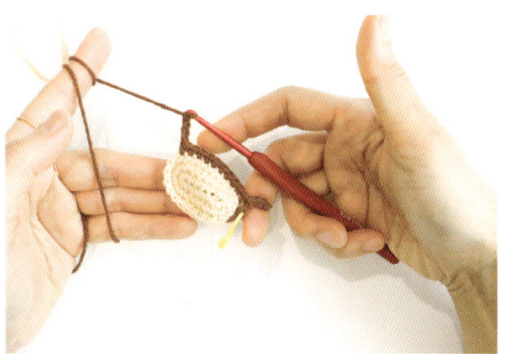

10. 두 번째 손: 사슬뜨기 4코를 뜬 모습.

11. 손이 안쪽으로 들어가지 않게 바깥으로 눌러두고 5단을 뜬다.

12. 군밤에 구멍을 만들기 위해 사슬뜨기 8코를 뜬다.

13. 8코를 건너뛰고 짧은뜨기를 이어서 뜬다.

14. 사슬뜨기 한 줄에만 코바늘을 통과시켜 짧은뜨기를 뜬다.

15. 7단까지 뜬 모습.

버섯

"나, 구름 타고 날아가는 꿈 꿨어…"

사용 실	밀키코튼 레드라벨(50g) 2검정(30cm), 1바닐라(5g), 10빨강(8g)
사용 바늘	모사용 코바늘 5/0, 돗바늘, 자수바늘
부자재	솜, 가위, 핀셋

MBTI	INFP (신비한 몽상가) 조용하고 자기만의 세계가 확실한 친구 귀여우면서도 어딘가 몽환적인 느낌
성격	상상력 풍부하고 다정한 몽상가

서술형 도안

▶ 갈색으로 버섯갓 만들기

1단	매직링 만들기, 사슬뜨기, 짧은뜨기6, 빼뜨기 **(6코)**
2단	사슬뜨기, 늘려뜨기6, 빼뜨기 **(12코)**
3단	사슬뜨기, (짧은뜨기, 늘려뜨기)×6, 빼뜨기 **(18코)**
4단	사슬뜨기, (짧은뜨기2, 늘려뜨기)×6, 빼뜨기 **(24코)**
5단	사슬뜨기, (짧은뜨기3, 늘려뜨기)×6, 빼뜨기 **(30코)**
6단	사슬뜨기, (짧은뜨기4, 늘려뜨기)×6, 빼뜨기 **(36코)**
7~8단	사슬뜨기, 짧은뜨기36, 빼뜨기 **(36코)**
9단	사슬뜨기, (짧은뜨기4, 모아뜨기)×6, 빼뜨기 **(30코)**
10단	사슬뜨기, (짧은뜨기3, 모아뜨기)×6, 빼뜨기 **(24코)**
11단	사슬뜨기, (짧은뜨기2, 모아뜨기)×6, 빼뜨기 **(18코)**
12단	사슬뜨기, (짧은뜨기, 모아뜨기)×6, 빼뜨기 **(12코)**
13단	사슬뜨기 모아뜨기6, 빼뜨기 **(6코)**

30cm 정도 실을 자르고 소량의 솜을 넣고 마무리한다.

만드는 법 영상
(버섯)

▶ 베이지색으로 버섯 대(줄기) 만들기

1단	매직링 만들기, 사슬뜨기, 짧은뜨기6, 빼뜨기 **(6코)**
2단	사슬뜨기, 늘려뜨기2, **(발)**사슬뜨기3 두 번째 사슬코부터 빼뜨기2, 늘려뜨기2, **(발)**사슬뜨기3 두 번째 사슬코부터 빼뜨기2, 늘려뜨기2, 빼뜨기 **(12코)**
3단	사슬뜨기, (짧은뜨기3, 늘려뜨기)×3, 빼뜨기 **(15코)**
4단	사슬뜨기, 짧은뜨기15, 빼뜨기 **(15코)**
5단	사슬뜨기, 짧은뜨기5 **(손)**사슬뜨기2 두 번째 사슬뜨기에 빼뜨기, 짧은뜨기6, **(손)**사슬뜨기2 두 번째 사슬뜨기에 빼뜨기, 짧은뜨기4, 빼뜨기 **(15코)**
6단	사슬뜨기, (짧은뜨기3, 모아뜨기)×3, 빼뜨기 **(12코)**
7~9단	사슬뜨기, 짧은뜨기12, 빼뜨기 **(12코)**
10단	사슬뜨기, (짧은뜨기, 늘려뜨기)×6, 빼뜨기 **(18코)**
11단	사슬뜨기, (짧은뜨기2, 늘려뜨기)×6, 빼뜨기 **(24코)**
12단	사슬뜨기, (짧은뜨기3, 늘려뜨기)×6, 빼뜨기 **(30코)**

솜 넣기

50cm 정도 실을 자르고 버섯갓 9단에 한 코씩 연결한다.

검정 실로 자수바늘을 사용하여 눈과 입을 수놓는다.

기호 도안

버섯갓

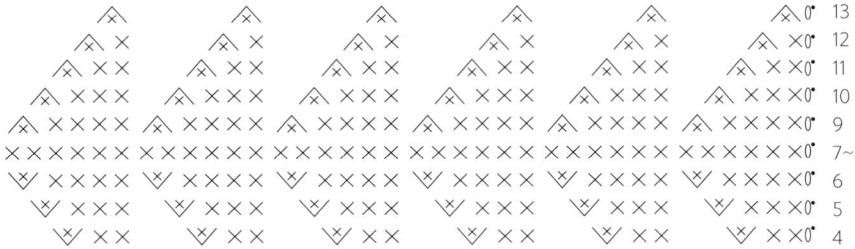

단수	코수
13	6
12	12
11	18
10	24
9	30
6~8	36
5	30
4	24
3	18
2	12
1	6

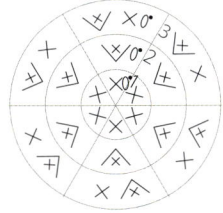

버섯 대(줄기)

단수	코수
12	30
11	24
10	18
6~11	12
3~5	15
2	12
1	6

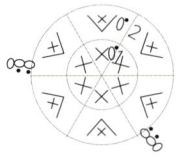

7단
6단

5cm

과정 사진

1. 버섯갓을 뜨고 솜을 채운다.

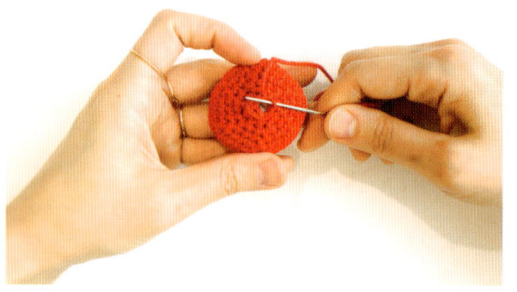

2. 돗바늘로 구멍을 마무리한다.

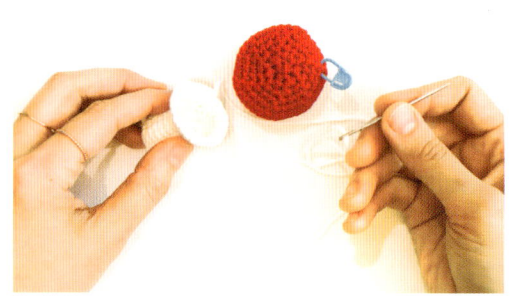

3. 버섯 대를 뜨고, 실을 30cm 정도 남기고 자른 후 돗바늘에 건다.

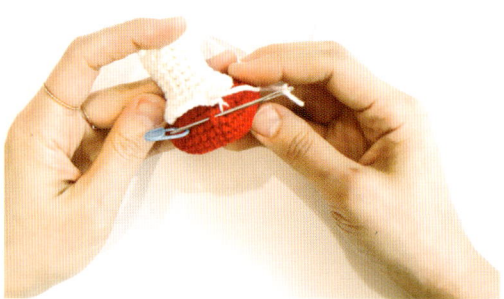

4. 버섯갓 9단에 바늘을 통과시켜 연결한다.

5. 한 코씩 걸어 실을 당기며 연결한다.

6. 실을 정리한다.

13

인삼

"허허… 건강이 최고라네, 얘들아."

사용 실	밀키코튼 레드라벨(50g) 2검정(30cm), 18베이지(10g), 10빨강(2g), 56녹색(2g)
사용 바늘	모사용 코바늘 5/0, 돗바늘, 자수바늘
부자재	솜, 가위, 핀셋

MBTI	**INFJ (신비로운 조언자)**
	지혜롭고 느긋한 듯하면서도 깊은 통찰력을 지님
	어르신 느낌이 나지만 마음은 순수함
성격	어른스럽고 느긋한 현자 캐릭터

서술형 도안

▶ 베이지색으로 인삼 다리 만들기 (2개)

1단	매직링 만들기, 사슬뜨기, 짧은뜨기4, 빼뜨기 **(4코)**
2단	사슬뜨기, (짧은뜨기, 늘려뜨기)×2, 빼뜨기 **(6코)**
3단	사슬뜨기, (짧은뜨기2, 늘려뜨기)×2, 빼뜨기 **(8코)**
4~6단	사슬뜨기, 짧은뜨기8, 빼뜨기 **(8코)**

두 번째 다리는 실을 자르지 않고 첫 번째 다리와 빼뜨기로 연결

7단	사슬뜨기, (짧은뜨기3, 늘려뜨기)×4, 빼뜨기 **(20코)**
8단	사슬뜨기, (짧은뜨기4, 늘려뜨기)×4, 빼뜨기 **(24코)**
9~10단	사슬뜨기, 짧은뜨기24, 빼뜨기 **(24코)**
11단	사슬뜨기, 짧은뜨기6, (손)사슬뜨기5 두 번째 코부터 빼뜨기4, 짧은뜨기10, (손)사슬뜨기5 두 번째 코부터 빼뜨기4, 짧은뜨기8, 빼뜨기 **(24코)**
12~16단	사슬뜨기, 짧은뜨기24, 빼뜨기 **(24코)**
17단	사슬뜨기, (짧은뜨기4, 모아뜨기)×4, 빼뜨기 **(20코)**
18단	사슬뜨기, (짧은뜨기3, 모아뜨기)×4, 빼뜨기 **(16코)**
19단	사슬뜨기, (짧은뜨기2, 모아뜨기)×4, 빼뜨기 **(12코)**

솜 넣기

20단	사슬뜨기, 모아뜨기6, 빼뜨기 **(6코)**

20cm 정도 실을 자르고 돗바늘로 정리한다.

▶ 빨간색으로 꽃 만들기

1단	매직링 만들기, (사슬뜨기3, 링 안으로 빼뜨기)×12

매직링을 바짝 당겨 모아주면 꽃 모양이 자연스럽게 만들어진다.

▶ 녹색으로 잎 만들기

1단	매직링 만들기, (사슬뜨기3, 한길긴뜨기, 사슬뜨기3, 링 안으로 빼뜨기)×5

매직링은 바짝 당겨서 모아준다.

완성된 꽃과 잎은 얼굴 위 왼쪽 부분에 돗바늘로 연결한다.

만드는 법 영상
(인삼)

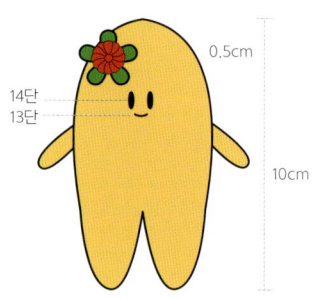

기호 도안

인삼

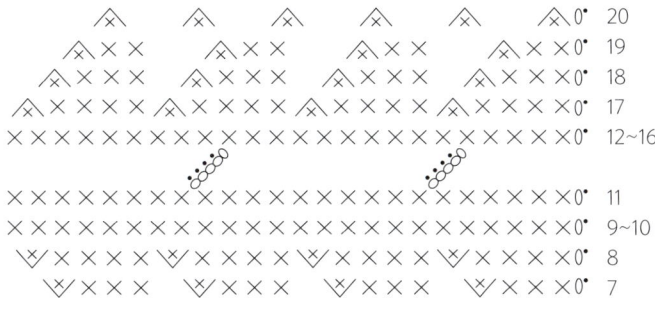

단수	코수
20	6
19	12
18	16
17	20
8~16	24
7	20
3~6	8(8)
2	6(6)
1	4(4)

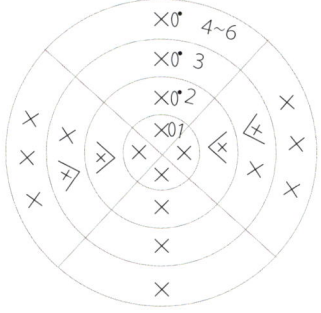 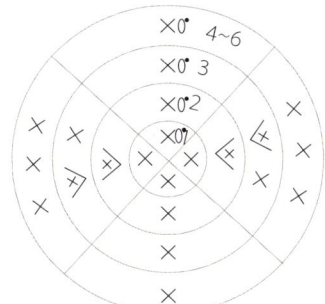

인삼꽃    **인삼꽃 잎**

과정 사진

1. 매직링으로 인삼 꽃 만들기: 사슬뜨기 3코를 뜬다.

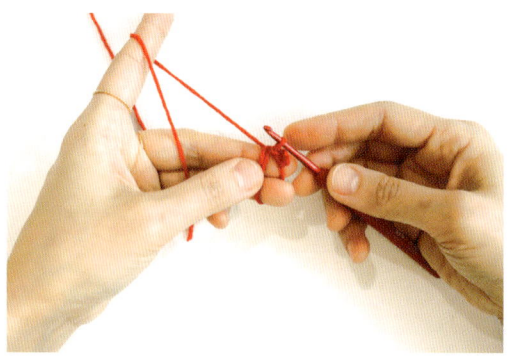

2. 매직링 안쪽으로 빼뜨기.

4. 사슬뜨기3 빼뜨기 12번 반복한다.

4. 실을 자르고 풀리지 않게 빼낸다.

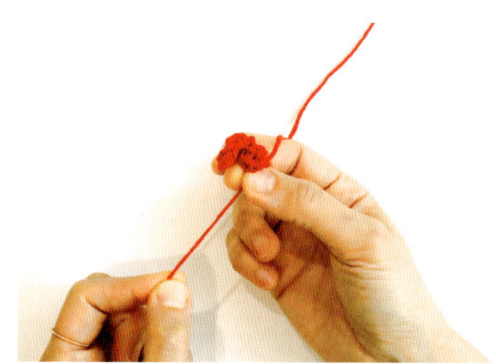

5. 매직링 한쪽을 잡고 끝실을 당긴다.

6. 끝까지 바짝 당겨 꽃 모양을 만든다.

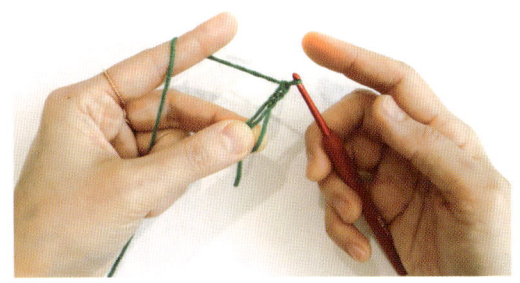

7. 매직링으로 인삼 꽃잎 만들기: 사슬뜨기 3코를 뜬다.

8. 한길긴뜨기 1코.

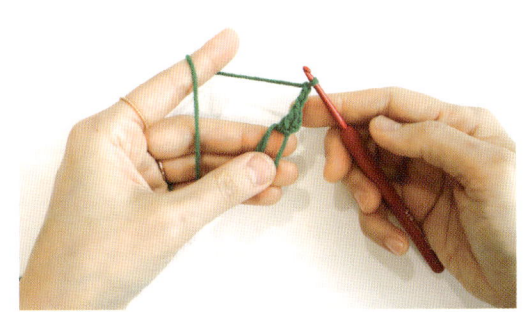

9. 사슬뜨기 3코를 이어서 뜬다.

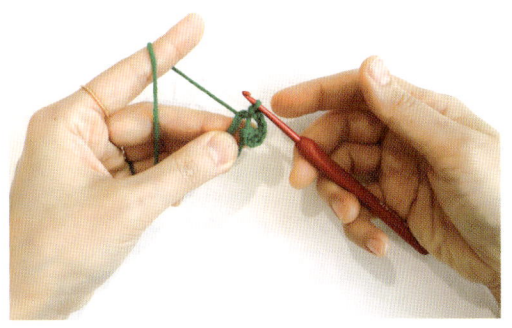

10. 매직링 안으로 빼뜨기를 뜨면 잎 1장 완성.

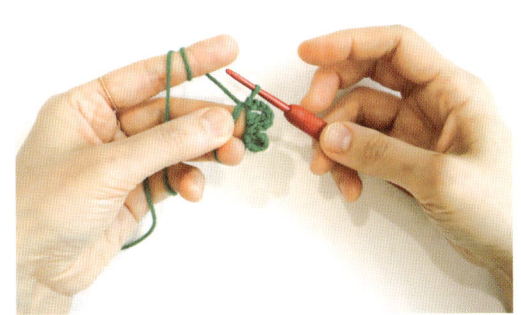

11. 인삼 꽃잎 2장 만든 모습.

12. 인삼 꽃잎 5장 만든 모습.

13. 끝실을 바짝 당겨 모아준다.

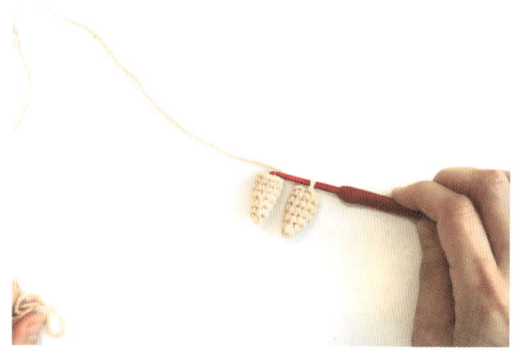

14. 인삼 다리 2개를 만든다.

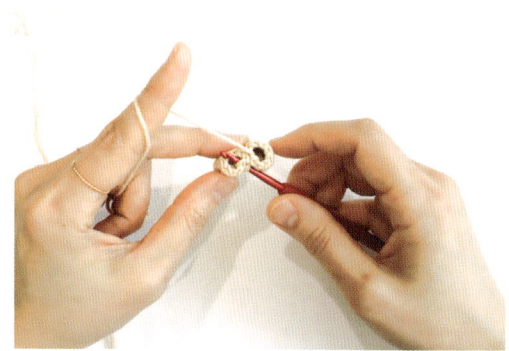

15. 첫 번째 다리 첫 코에 코바늘을 통과시킨다.

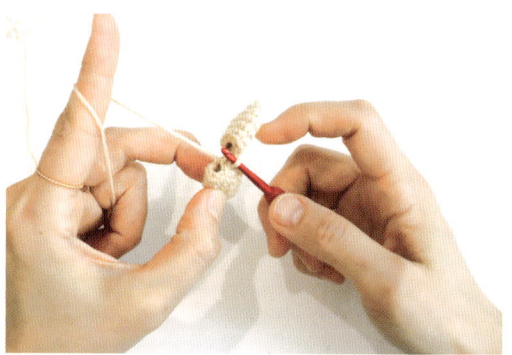

16. 빼뜨기로 연결하고, 이어서 인삼을 뜬다.

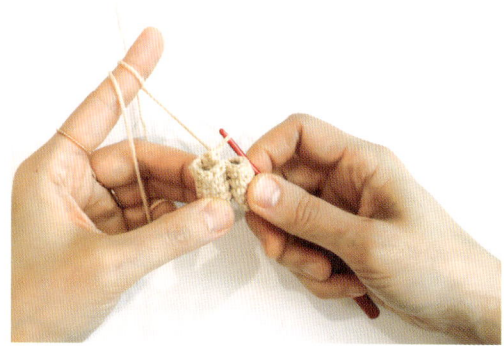

17. 왼쪽 다리는 짧은뜨기 3코 후, 늘려뜨기를 2번 반복하여 만든다.

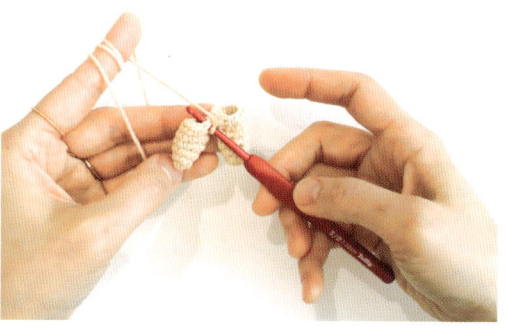

18. 뜰 수 있게 방향을 돌리고, 17번에서 오른쪽 다리였던 첫 빼뜨기 코에 이어서 뜨기를 시작한다.

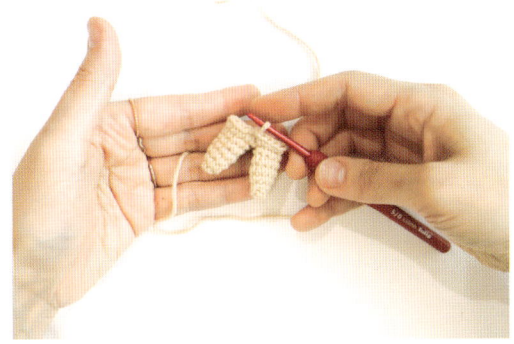
19. 7단까지 완성된 모습. 도안을 참고하여 인삼을 완성한다.

20. 꽃 장식의 시작 실과 끝 실을 인삼 잎에 통과시킨다.

21. 인삼 잎 뒤쪽에서 실이 풀리지 않도록 두 번 꽉 묶는다.

22. 시작 실과 끝 실을 사진과 같은 모양으로 통과시킨다.

23. 실이 같은 자리로 나와 있을 때, 두 번 단단히 묶는다.

24. 바깥에 남은 실은 인삼 몸통 안으로 숨겨 마무리한다.

14

오이

"일단 해보고 안 되면 얘기하자."

사용 실	밀키코튼 레드라벨(50g) 2검정(30cm), 56녹색(8g), 55그린파파(2g),
사용 바늘	모사용 코바늘 5/0, 돗바늘, 자수바늘
부자재	솜, 가위, 핀셋

MBTI	**ISTP (쿨한 해결사)**
	시크하고 말수가 적지만 어떤 상황이든 뚝딱 해결하는 능력자
	친구들이 은근히 의지함
성격	쿨하고 독립적인 해결사

서술형 도안

▶ 녹색으로 오이 시작하기

손과 발은 그린파파색으로 뜨기

1단	매직링 만들기, 사슬뜨기, 짧은뜨기6, 빼뜨기 **(6코)**
2단	사슬뜨기, 늘려뜨기2, (발)사슬뜨기10 여섯 번째 코부터 빼뜨기5, 늘려뜨기2, (발)사슬뜨기10 여섯 번째 코부터 빼뜨기5, 늘려뜨기2, 빼뜨기 **(12코)**
3단	사슬뜨기, (짧은뜨기, 늘려뜨기)×6, 빼뜨기 **(18코)**
4~12단	사슬뜨기, 짧은뜨기18, 빼뜨기 **(18코)**
13단	사슬뜨기, 짧은뜨기5, (손)사슬뜨기5 두 번째 코부터 빼뜨기4, 짧은뜨기8, (손)사슬뜨기5 두 번째 코부터 빼뜨기4, 짧은뜨기5, 빼뜨기 **(18코)**
14~18단	사슬뜨기, 짧은뜨기18, 빼뜨기 **(18코)**
19단	사슬뜨기, (짧은뜨기, 모아뜨기)×6, 빼뜨기 **(12코)**

솜 넣기

20단	사슬뜨기, 모아뜨기6, 빼뜨기 **(6코)**

30cm 정도 실을 자른다.

이중사슬뜨기 12코를 만들어 끝쪽으로 매듭을 묶어 완성된 22단 안쪽으로 매듭을 넣어 마무리한다.

검정 실로 자수바늘을 사용하여 눈과 입을 수놓는다.

만드는 법 영상
(오이)

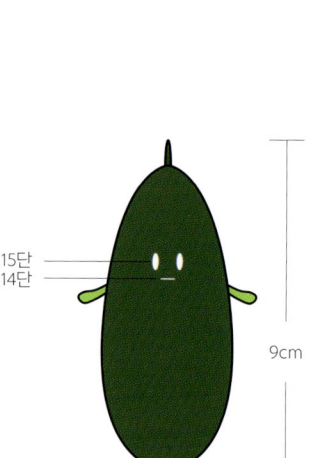

기호 도안

오이

단수	코수
20	6
19	12
3~18	18
2	12
1	6

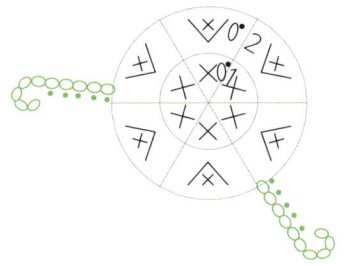

과정 사진

1. 2단에서 발을 만들기 위해 실을 바꿀 준비를 한다

2. 사슬뜨기 10코. 여섯 번째 코부터 빼뜨기를 뜬다.

3. 마지막 빼뜨기에서 오이 몸통 색으로 바꿔서 뜬다.

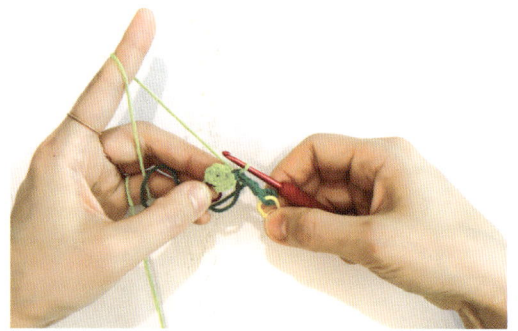

4. 이어서 오이를 뜬다. 오이 발과 손은 같은 방법으로, 실 색을 바꿔서 뜬다.

15

브로콜리

"잠깐만! 이건 내가 생각해낸 신박한 방법이야!"

사용 실	밀키코튼 레드라벨(50g) 2검정(30cm), 1바닐라(5g), 56녹색(10g)
사용 바늘	모사용 코바늘 5/0, 돗바늘, 자수바늘
부자재	솜, 가위, 핀셋

MBTI	ENTP (아이디어 뱅크)
	늘 뭔가를 궁리하고 새로운 것을 시도하는 자유로운 영혼
	친구들에게 기발한 장난도 자주 침
성격	말 많고 호기심 많은 아이디어 뱅크

서술형 도안

▶ 바닐라색으로 브로콜리 시작하기

1단	매직링 만들기, 사슬뜨기, 짧은뜨기5, 빼뜨기 **(5코)**
2단	사슬뜨기, 늘려뜨기5, 빼뜨기 **(10코)**
3단	사슬뜨기, (짧은뜨기, 늘려뜨기)×5, 빼뜨기 **(15코)**
4단	사슬뜨기, 이랑뜨기5, **(발)**이랑긴뜨기 5코 팝콘뜨기, 이랑뜨기3, **(발)**이랑 5코 팝콘뜨기, 이랑뜨기5, 빼뜨기 **(15코)**
5~6단	사슬뜨기, 짧은뜨기15, 빼뜨기 **(15코)**
7단	사슬뜨기, 짧은뜨기5, **(손)**긴뜨기 4코 팝콘뜨기, 짧은뜨기4, **(손)**긴뜨기 4코 팝콘뜨기, 짧은뜨기4, 빼뜨기 **(15코)**

만드는 법 영상
(브로콜리)

▶ 녹색으로 바꾸기

9~11단에서 빼뜨기2는 팝콘뜨기 사이로 시작 지점 이동

8단	사슬뜨기, 늘려뜨기15, 빼뜨기 **(30코)**
9단	사슬뜨기2, 같은 자리에 긴뜨기 3코 뜨고 팝콘뜨기, (한 코 건너뛰고 긴뜨기 4코 팝콘뜨기)×14, 빼뜨기2 **(15코)**
10단	사슬뜨기2, 같은 자리에 긴뜨기 3코 뜨고 팝콘뜨기, 긴뜨기 4코 팝콘뜨기×14, 빼뜨기2 **(15코)**
11단	사슬뜨기2, 같은 자리에 긴뜨기 3코 뜨고 팝콘뜨기, 긴뜨기 4코 중 2코씩 모아 팝콘뜨기, (긴뜨기 4코 팝콘뜨기, 긴뜨기 4코 중 2코씩 모아 팝콘뜨기)×4, 빼뜨기2 **(10코)**

솜 넣기

12단	사슬뜨기2, 같은 자리에 긴뜨기 3코 팝콘뜨기, 긴뜨기 4코 팝콘뜨기×9, 빼뜨기 **(10코)**

30cm 정도 실을 자르고 마무리한다.

자수바늘로 눈과 입을 수놓는다.

기호 도안

브로콜리

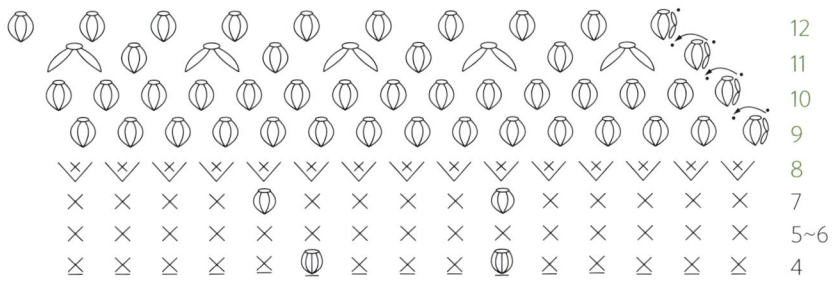

단수	코수
11~12	10
9~10	15
8	30
3~7	15
2	10
1	5

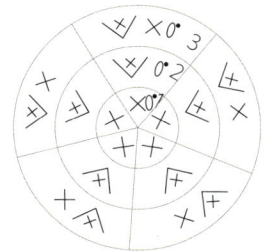

과정 사진

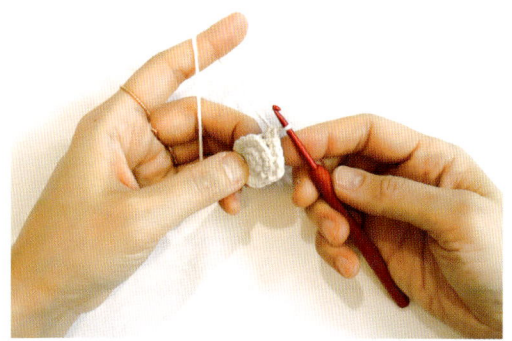

1. 4단에서 이랑뜨기를 5코 뜬다.

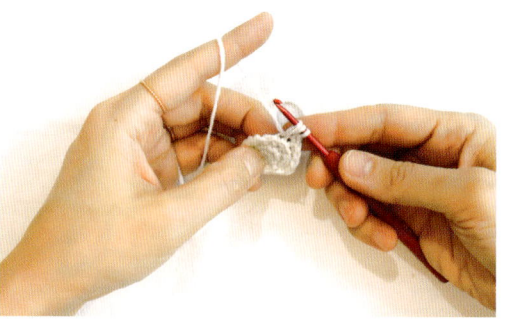

2. 이랑긴뜨기: 뒷줄 한 줄에만 실을 걸어 끌어온다.

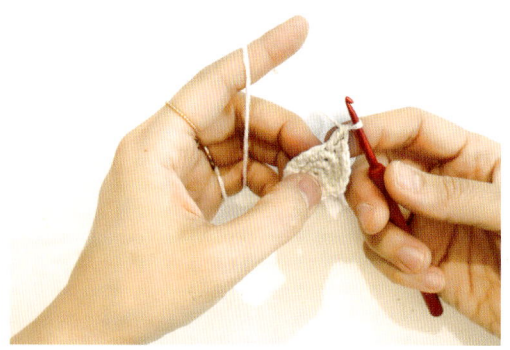

3. 3줄을 한 번에 뜨면 긴뜨기 완성.

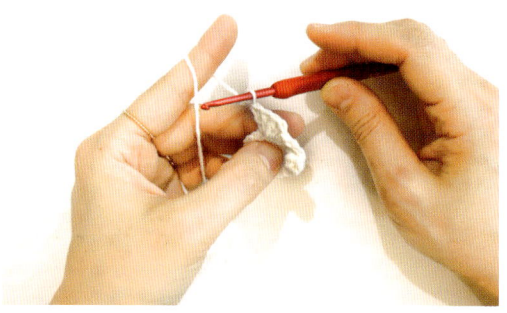

4. 실을 자르고 풀리지 않게 빼낸다.

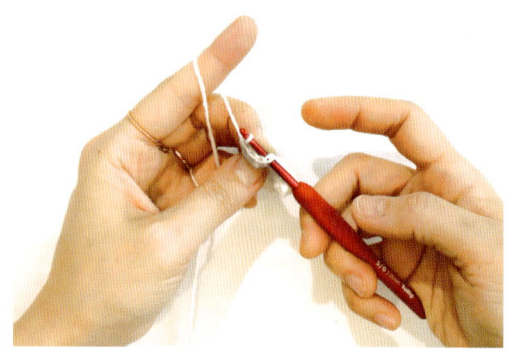

5. 코바늘을 빼서 긴뜨기 첫 코 앞에서 통과시킨 다음, 마지막 코 고리에 걸어 빼낸다. (긴뜨기 5코 팝콘뜨기)

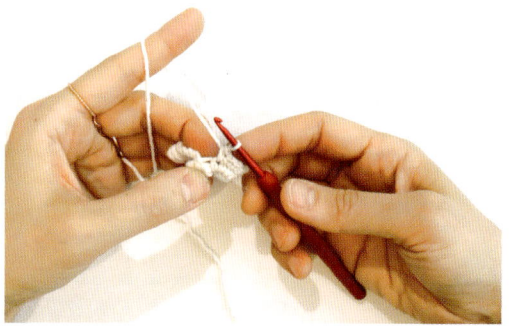

6. 5단에서 4단 팝콘뜨기 위에도 짧은뜨기를 뜨고 이어서 뜬다.

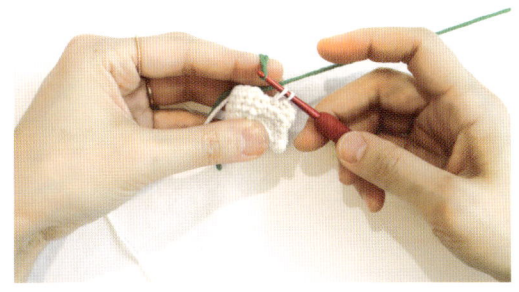

7. 마지막 코 7단 미완성 짧은뜨기에서 색을 바꿀 준비를 한다.

8. 색이 바뀐 모습.

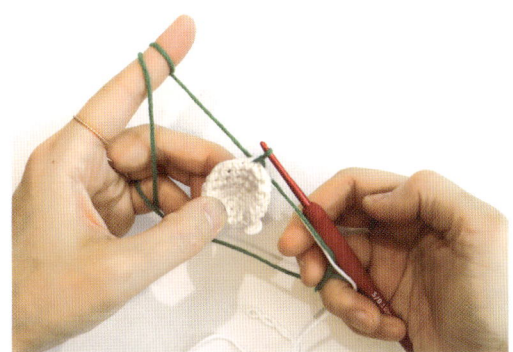

9. 첫 코에 빼뜨기를 한다.

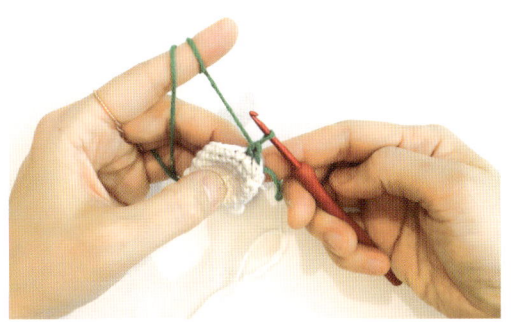

10. 첫 코에 짧은뜨기를 한 다음, 팝콘뜨기로 마지막 단까지 뜬다.

16

배추

"그…냥 조용히 옆에 있어도 돼…?"

사용 실	밀키코튼 레드라벨(50g) 2검정(30cm), 1바닐라(5g), 56녹색(10g)
사용 바늘	모사용 코바늘 5/0, 돗바늘, 자수바늘
부자재	솜, 가위, 핀셋

MBTI	**ISFP (조용한 예술가)** 겉은 수줍지만 내면은 따뜻한 감성러 색감이나 패턴에 민감하고 예쁜 걸 좋아함
성격	감성적이고 조용한 감정표현파

서술형 도안

▶ 바닐라색으로 시작하기

1단	매직링 만들기, 사슬뜨기, 짧은뜨기6, 빼뜨기 **(6코)**
2단	사슬뜨기, 늘려뜨기6, 빼뜨기 **(12코)**
3단	사슬뜨기, (짧은뜨기, 늘려뜨기)×6, 빼뜨기 **(18코)**
4단	사슬뜨기, 짧은뜨기6, **(발)**긴뜨기 4코 팝콘뜨기, 짧은뜨기4, **(발)**긴뜨기 4코 팝콘뜨기, 짧은뜨기6, 빼뜨기 **(18코)**
5단	사슬뜨기, 짧은뜨기18, 빼뜨기 **(18코)**
6단	사슬뜨기, 짧은뜨기6, **(손)**사슬뜨기5 두 번째 사슬코부터 빼뜨기4, 짧은뜨기6, **(손)**사슬뜨기5 두 번째 사슬코부터 빼뜨기4, 짧은뜨기6, 빼뜨기 **(18코)**
7~8단	사슬뜨기, 짧은뜨기18, 빼뜨기 **(18코)**

만드는 법 영상
(배추)

▶ 녹색으로 바꾸기

9~10단	사슬뜨기, 짧은뜨기18, 빼뜨기 **(18코)**
11단	사슬뜨기, 이랑뜨기18, 빼뜨기 **(18코)**
12단	사슬뜨기, (이랑뜨기, 이랑 모아뜨기)×6. 빼뜨기 **(12코)**

솜 넣기

13단	사슬뜨기, 이랑 모아뜨기6, 빼뜨기 **(6코)**

- 11단 이랑뜨기 부분에 녹색 새 실을 연결한다.
- 잎 부분은 코바늘을 아래에서 위쪽으로 넣어서 뜬다.
- 사슬뜨기2는 한 코로 세지 않고, 배춧잎 부분(11단~마지막 단)은 매단 새 실은 자르고 연결하여 뜬다.

11단 이랑뜨기 : 사슬뜨기2, 한길긴뜨기 3코 늘려뜨기18, 빼뜨기 **(54코)**

12단 이랑뜨기 : 사슬뜨기2, 한길긴뜨기 3코 늘려뜨기18, 빼뜨기 **(54코)**

13단 이랑뜨기 : 사슬뜨기2, 한길긴뜨기 3코 늘려뜨기12, 빼뜨기 **(36코)**

마지막 단 : 사슬뜨기2, 한길긴뜨기 3코 늘려뜨기6, 빼뜨기 **(18코)**

30cm 정도 실을 자르고 마무리한다.

자수바늘로 눈과 입을 수놓는다.

기호 도안

배추

단수	코수
13	6
12	12
3~11	18
2	12
1	6

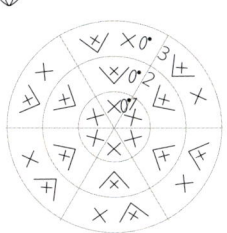

배춧잎

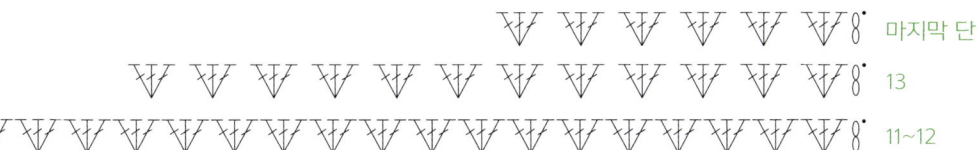

마지막 단
13
11~12

과정 사진

1. 4단에서 짧은뜨기 6코를 뜨고 긴뜨기를 뜬다.

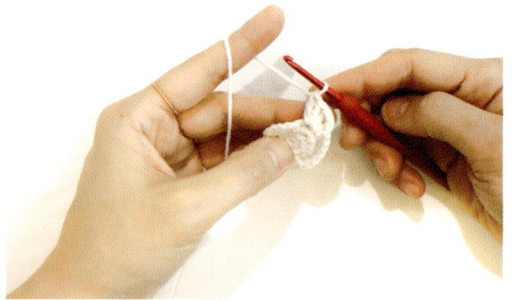

2. 같은 자리에 긴뜨기 3코를 더 뜬다.

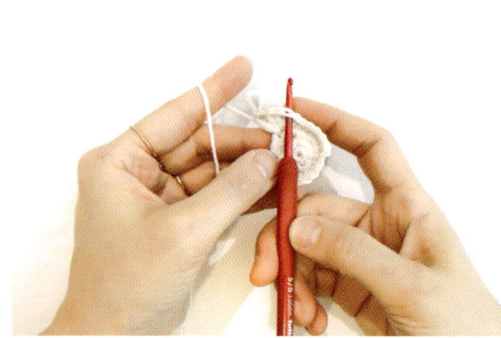

3. 코바늘을 빼서 첫 코에 바늘을 통과시킨다.

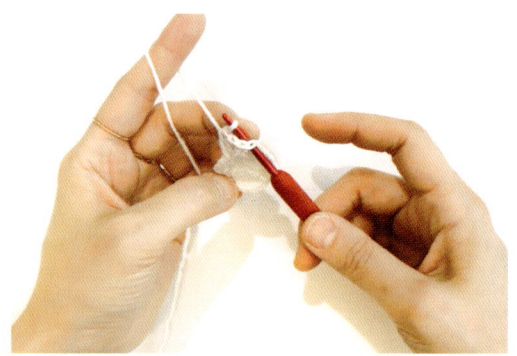

4. 빼둔 고리에 코바늘을 넣는다.

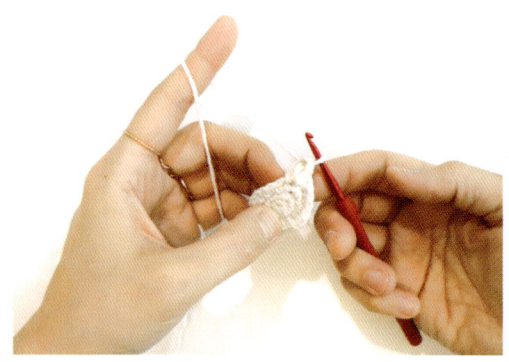

5. 고리를 바짝 당겨 끌어오면 긴뜨기 4코 팝콘뜨기 완성.

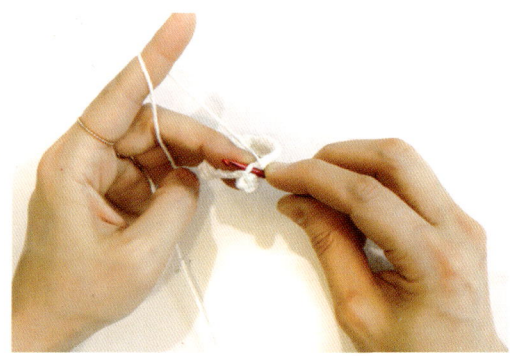

6. 5단에서 팝콘뜨기 위에 짧은뜨기를 뜬다.

7. 사슬뜨기 5코 뜬다.

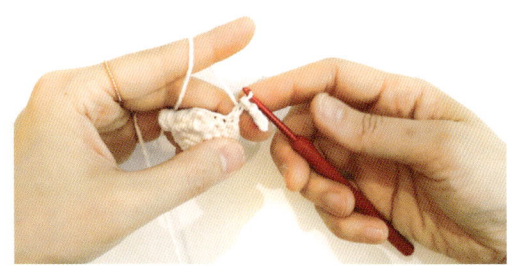

8. 두 번째 코부터 빼뜨기 4코를 뜬다.

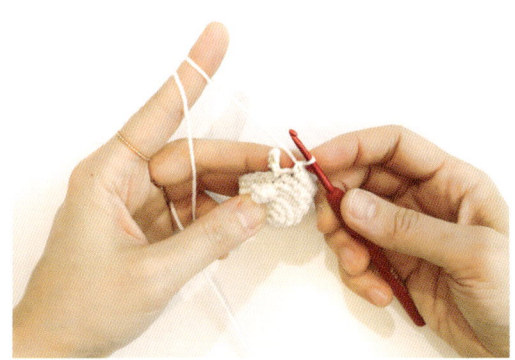

9. 7단: 짧은뜨기 6코를 뜬다.

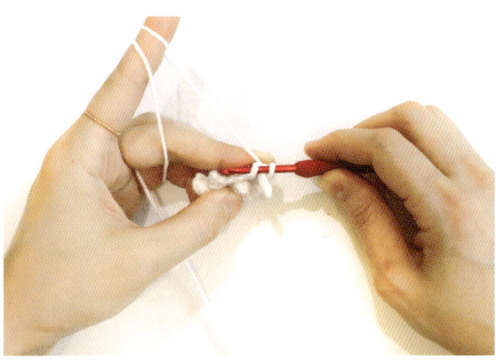

10. 손이 안쪽으로 들어가지 않게 바깥쪽으로 두고 다음 코를 뜬다.

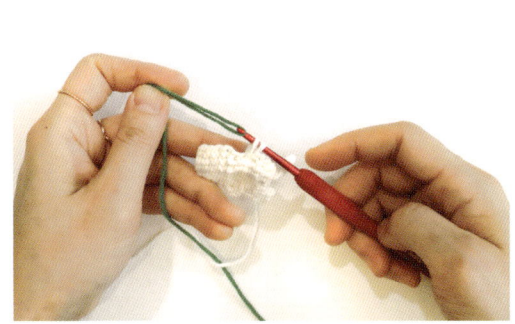

11. 8단 마지막 코의 미완성 짧은뜨기에서 색을 바꿀 준비를 한다.

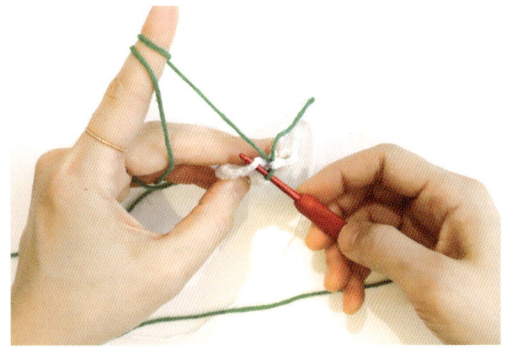

12. 색을 바꾸고 빼뜨기를 한다.

13. 9단을 뜬 모습.

14. 13단까지 뒷줄 한 줄에만 바늘을 넣어 이랑뜨기를 뜬다.

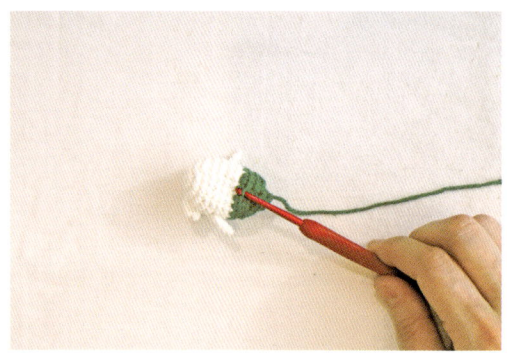

15. 남은 이랑 고리에 바늘을 걸어 새 실을 끌어온다.

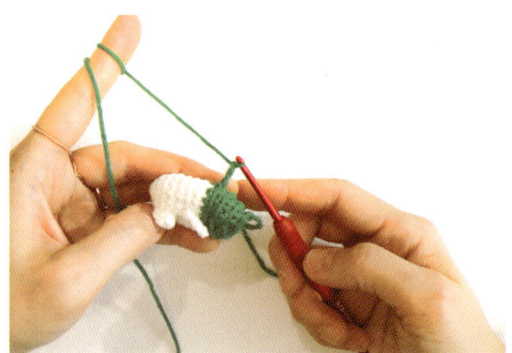

16. 사슬뜨기 2코를 뜬다.

17. 모든 코에 같은 자리에 한길긴뜨기 3코를 뜬다.

18. 마지막 단까지 한길긴뜨기 3코씩 떠서 배추를 완성한다.

17

땅콩

"다 계획이 있어. 순서대로 움직이면 돼."

사용 실	밀키코튼 레드라벨(50g) 2검정(30cm), 18베이지(5g), 41초코(2g)
사용 바늘	모사용 코바늘 5/0, 돗바늘, 자수바늘
부자재	솜, 가위, 핀셋

MBTI	INTJ (전략적인 계획가)
	계획적이고 분석적인 브레인
	팀을 위한 전략을 세우며 현실적인 조언을 아끼지 않음
성격	논리적이고 체계적인 계획러

서술형 도안

▶ 베이지색으로 땅콩 만들기

평면뜨기로 뜬다.

만드는 법 영상
(땅콩)

1단   사슬뜨기12, 두 번째 사슬코부터 짧은뜨기11 **(11코)**

2단   사슬뜨기, 이랑짧은뜨기4, 이랑 빼뜨기3, 이랑짧은뜨기4 **(11코)**

3단   사슬뜨기, 이랑짧은뜨기11 **(11코)**

4단   사슬뜨기, 이랑짧은뜨기4, 이랑 빼뜨기3, 이랑짧은뜨기4 **(11코)**

손과 발은 갈색으로 뜬다.

5단   사슬뜨기, 이랑짧은뜨기2, (발)사슬뜨기5 두 번째 사슬코부터 빼뜨기4, 이랑짧은뜨기5, (손)사슬뜨기4 두 번째 사슬코부터 빼뜨기3, 이랑짧은뜨기4 **(11코)**

6단   사슬뜨기, 이랑짧은뜨기4, 이랑 빼뜨기3, 이랑짧은뜨기4 **(11코)**

7단   이랑짧은뜨기11 **(11코)**

8~10단   6단, 7단, 6단 반복뜨기

손과 발은 갈색으로 뜬다.

11단   사슬뜨기, 이랑짧은뜨기2, (발)사슬뜨기5 두 번째 사슬코부터 빼뜨기4, 이랑짧은뜨기5, (손)사슬뜨기4 두 번째 사슬코부터 빼뜨기3, 이랑짧은뜨기4 **(11코)**

12단   사슬뜨기, 이랑짧은뜨기4, 이랑 빼뜨기3, 이랑짧은뜨기4 **(11코)**

13단   사슬뜨기, 이랑짧은뜨기11 **(11코)**

30cm 정도 실을 자른다.

완성된 편물을 돗바늘을 사용하여 마주보고 있는 코를 감침질로 연결한다.

새 실을 20cm 정도 잘라서 아랫부분을 돗바늘로 조이게 바느질한다.

솜을 넣고 윗부분도 같은 방법으로 바느질한다.

검정 실로 자수바늘을 사용하여 눈과 입을 수놓는다.

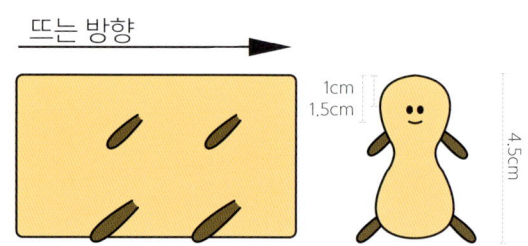

기호 도안

단수	코수
1~13	11

과정 사진

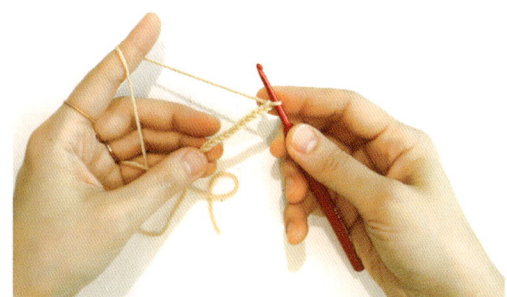

1. 사슬뜨기 12코를 뜬다.

2. 두 번째 코부터 뜨기를 시작한다.

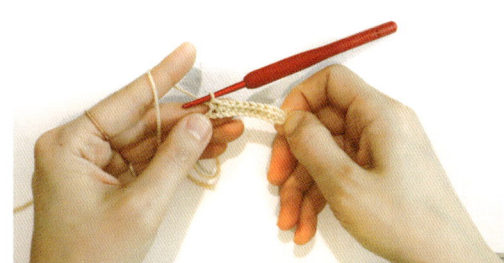

3. 매 코마다 짧은뜨기 11코를 뜬다.

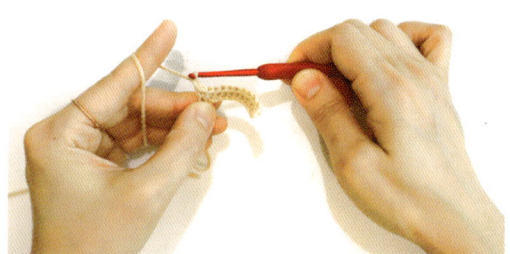

4. 사슬뜨기(기둥코)를 뜬다.

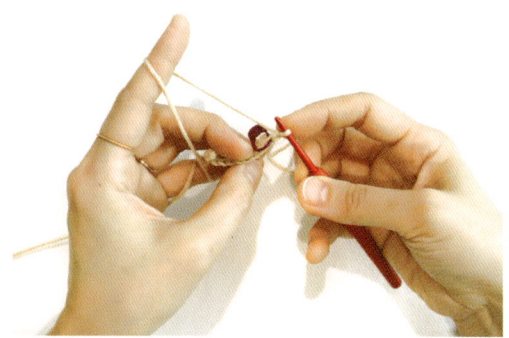

5. 2단 첫 코부터 이랑뜨기로, 뒷줄 한 줄에만 뜬다.

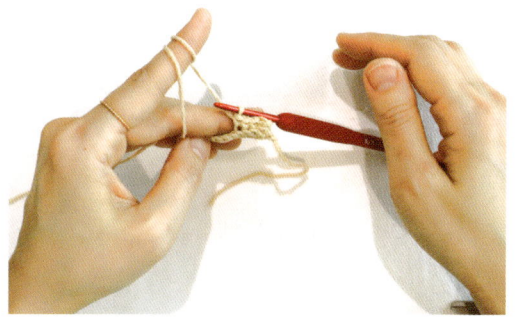

6. 이랑뜨기 4코.

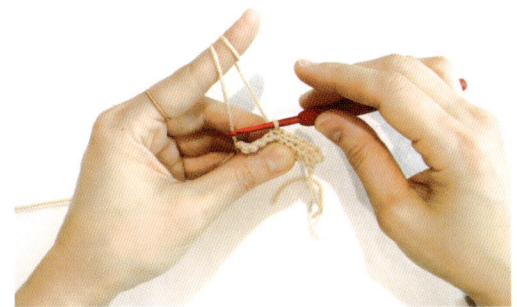

7. 이랑 빼뜨기 3코.

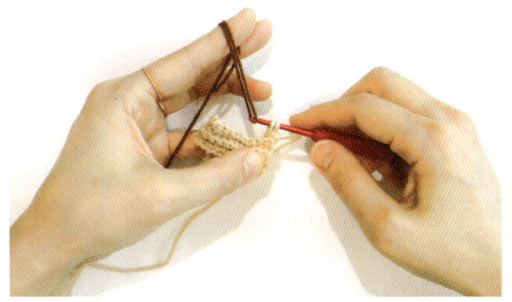

8. 3단: 이랑 짧은뜨기 미완성에서 실색을 바꾼다.

9. 사슬뜨기 5코를 뜬다.

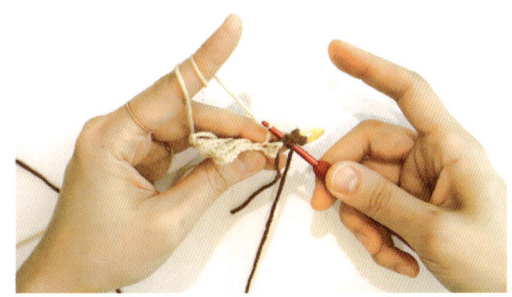

10. 마지막 빼뜨기에서 실색을 바꿔서 뜬다.

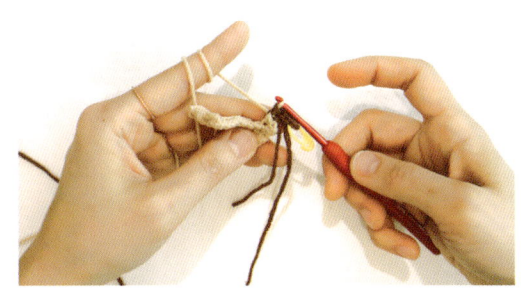

11. 실색이 바뀐 모습.

12. 실을 자르지 않고 같은 방법으로 손도 만든다.

13. 13단까지 완성한 편물의 모습.

14. 양 끝단을 맞잡고 한 줄씩 돗바늘로 연결한다.

15. 한쪽 면에 돗바늘로 모아준다.

16. 몸통 안으로 솜을 넣는다.

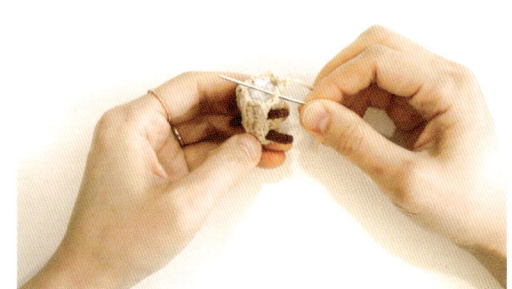

17. 돗바늘로 반대쪽도 모아준다.

18. 실을 몸통 안쪽으로 숨긴다.

18

양파

"나보다 먼저 울면 안 돼… 내가 먼저 울 거니까!"

사용 실	밀키코튼 레드라벨(50g) 2검정(30cm), 1바닐라(8g), 18베이지(2g), 37연두(3g)
사용 바늘	모사용 코바늘 5/0, 돗바늘, 자수바늘
부자재	솜, 가위, 핀셋

MBTI	ENFJ (정의로운 사회운동가) 겉은 단단하지만 속은 여림 감정이 풍부한 감성 리더 타입
성격	눈치 빠르고 다정한 리더, 여러 겹의 감정을 가진 따뜻한 친구

서술형 도안

▶ 베이지색으로 양파 뿌리 만들기

10cm 10가닥을 잘라서 끝쪽으로 매듭이 생기도록 묶는다.

만드는 법 영상
(양파)

▶ 바닐라색으로 양파 시작하기

1단	매직링 만들기, 사슬뜨기, 짧은뜨기8, 빼뜨기	**(8코)**

매직링은 당기기 전에 만든 뿌리 매듭을 안쪽으로 넣고 시작 실을 당겨 모아준다.

2단	사슬뜨기, (짧은뜨기, 늘려뜨기)×4, 빼뜨기	**(12코)**
3단	사슬뜨기, (짧은뜨기2, 늘려뜨기)×4, 빼뜨기	**(16코)**
4단	사슬뜨기, (짧은뜨기3, 늘려뜨기)×4, 빼뜨기	**(20코)**
5단	사슬뜨기, (짧은뜨기4, 늘려뜨기)×4, 빼뜨기	**(24코)**
6단	사슬뜨기, (짧은뜨기3, 늘려뜨기)×6, 빼뜨기	**(30코)**
7단	사슬뜨기, 짧은뜨기10, **(손)**사슬뜨기4 두 번째코부터 빼뜨기3, 짧은뜨기10, **(손)**사슬뜨기4, 두 번째 코부터 빼뜨기3, 짧은뜨기10, 빼뜨기	**(30코)**
8~10단	사슬뜨기, 짧은뜨기30, 빼뜨기	**(30코)**
11단	사슬뜨기, (짧은뜨기3, 모아뜨기)×6, 빼뜨기	**(24코)**
12단	사슬뜨기, (짧은뜨기2, 모아뜨기)×6, 빼뜨기	**(18코)**
13단	사슬뜨기, (짧은뜨기, 모아뜨기)×6, 빼뜨기	**(12코)**

솜 넣기

14~15단	사슬뜨기, 짧은뜨기12, 빼뜨기	**(12코)**

양파 뿌리는 1~2cm 정도 남기고 자른다.

▶ 연두색으로 양파 줄기 만들기 (3개)

같은 코수로 3,4,5단 길이만 다르게 만든다.

1단	매직링 만들기, 사슬뜨기, 짧은뜨기 5, 빼뜨기	**(5코)**
2~3(4)(5)단	사슬뜨기, 짧은뜨기5, 빼뜨기	**(5코)**

20cm 정도 실을 자른다

완성된 줄기 3개를 한 코씩 연결한다.

줄기의 남은 4코씩 양파 14단에 돗바늘로 연결한다.

검정 실로 자수바늘을 사용하여 눈과 입을 수놓는다.

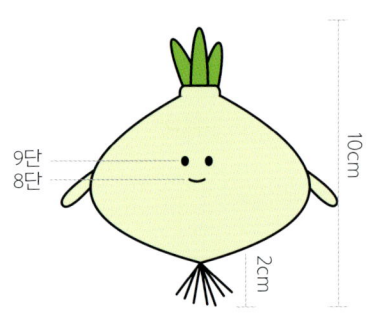

기호 도안

양파

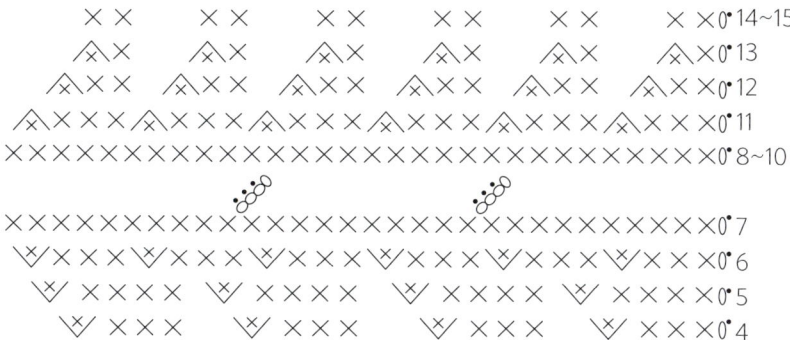

단수	코수
13~15	12
12	18
11	24
6~10	30
5	24
4	20
3	16
2	12
1	8

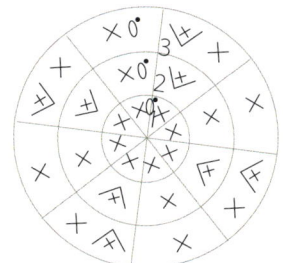

줄기1 줄기2 줄기3

단수	코수
1~5	5

과정 사진

 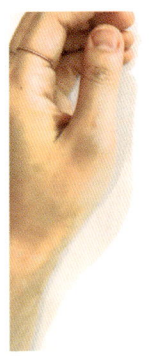

1. 뿌리를 만들기 위해 10cm 길이의 실 10가닥을 자른다.

2. 끝을 매듭으로 묶는다.

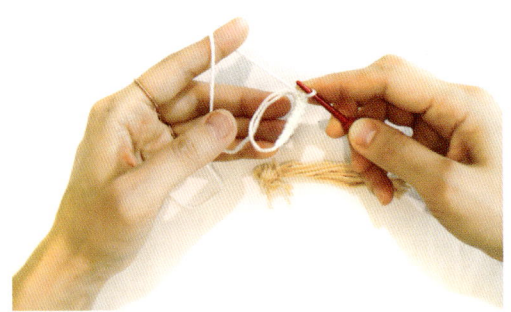 

3. 양파 1단을 뜨고, 매직링을 당기기 전에 뿌리를 매듭이 안쪽으로 들어가게 링 안으로 넣는다.

4. 매직링을 바짝 당긴다.

5. 첫 코에 빼뜨기하고, 이어서 양파를 뜬다.

6. 양파 잎 3개를 만들어 한 코씩 돗바늘로 연결한다.

7. 남은 4코씩을 양파에 연결한다.

8. 다음 줄기도 같은 방법으로 연결한다.

9. 뿌리를 1~2cm 정도 남기고 자른다.

19

레디쉬

"다들 집중! 지금부터 내가 이끌게."

사용 실	밀키코튼 레드라벨(50g) 2검정(30cm), 18베이지(2g), 36숲(5g), 50체리크림슨(3g)
사용 바늘	모사용 코바늘 5/0, 돗바늘, 자수바늘
부자재	솜, 가위, 핀셋

MBTI	ENTJ (작지만 강한 리더)
	작고 귀엽지만 리더십이 강함
	언제나 자기 주관이 뚜렷하고 목표 지향적인 캐릭터
성격	작지만 카리스마 넘치는 리더

서술형 도안

▶ 베이지색으로 레디쉬 뿌리 만들기

실을 10cm 3가닥을 잘라서 끝쪽으로 매듭이 생기도록 묶는다.

만드는 법 영상
(레디쉬)

▶ 빨간색으로 레디쉬 만들기

1단   매직링 만들기, 사슬뜨기, 짧은뜨기6, 빼뜨기 **(6코)**

매직링은 당기기 전에 만든 뿌리 매듭을 안쪽으로 넣고 시작실을 당겨 모아준다.

2단   사슬뜨기, 늘려뜨기×6, 빼뜨기 **(12코)**

3단   사슬뜨기, (짧은뜨기, 늘려뜨기)×6, 빼뜨기 **(18코)**

4~5단   사슬뜨기, 짧은뜨기18, 빼뜨기 **(18코)**

6단   사슬뜨기, (짧은뜨기, 모아뜨기)×6 , 빼뜨기 **(12코)**

솜 넣기

7단   사슬뜨기, 모아뜨기6 , 빼뜨기 **(6코)**

7단까지 완성되면 레디쉬 잎을 떠서 안으로 넣어서 마무리한다.

레디쉬 뿌리는 1~2cm 정도 남기고 자른다.

▶ 녹색으로 레디쉬 잎 만들기 (3개)

1단   사슬뜨기22, 두 번째 사슬코부터 짧은뜨기, 짧은뜨기 늘려뜨기2, 긴뜨기 늘려뜨기2, 한길 긴뜨기 늘려뜨기, 긴뜨기 늘려뜨기2, 짧은뜨기 늘려뜨기2, 짧은뜨기3, 사슬 반대쪽으로 짧은뜨기 늘려뜨기2, 긴뜨기 늘려뜨기2, 한길긴뜨기 늘려뜨기, 긴뜨기 늘려뜨기2, 짧은뜨기 늘려뜨기2, 짧은뜨기, 빼뜨기

완성된 잎 3장 줄기 끝부분을 묶어서 레디쉬 7단 안쪽으로 넣어서 마무리한다.

자수바늘로 눈과 입을 수놓는다.

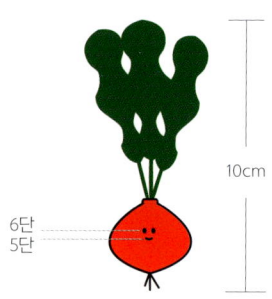

기호 도안

레디쉬

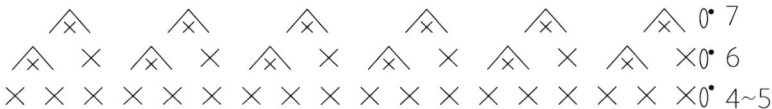

단수	코수
7	6
6	12
3~5	18
2	12
1	6

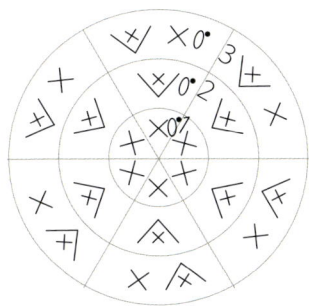

잎

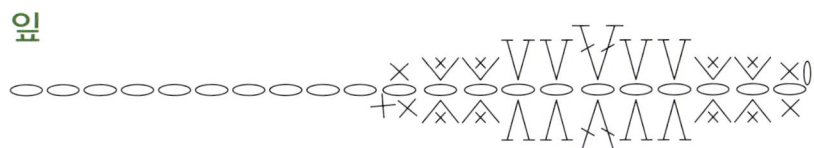

과정 사진

1. 뿌리 실 3가닥으로 매듭을 만들고 레디쉬 1단을 뜬다.
2. 매직링 안으로 뿌리를 넣고 끝실을 당겨 매직링을 모은다.

 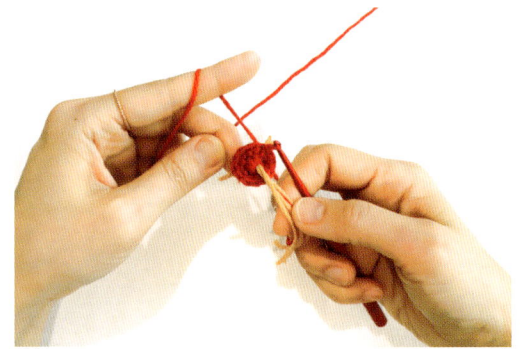

3. 첫 코에 빼뜨기.
4. 2단 뜬 모습.

 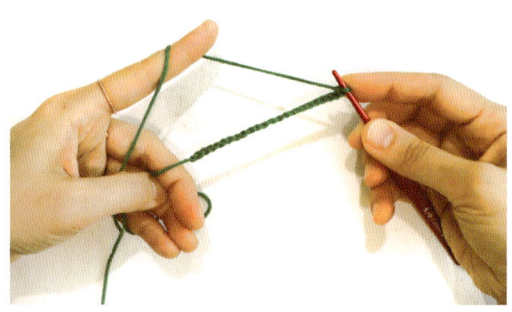

5. 레디쉬 7단까지 뜬 모습.
6. 레디쉬 잎: 사슬뜨기 22코를 뜬다.

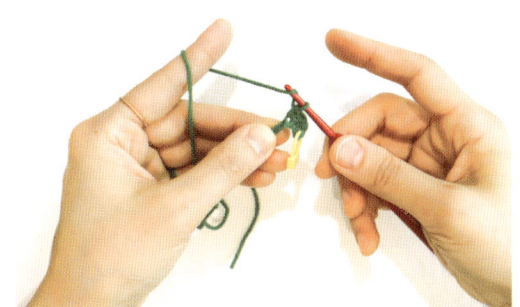

7. 두 번째 코부터 짧은뜨기, 늘려뜨기를 뜬다.

8. 긴뜨기: 바늘에 실을 걸어 끌어오면 바늘에 3줄이 걸린다.

9. 한길긴뜨기: 코바늘에 실을 걸어 끌어온 다음, 두 줄만 뜬다.

10. 남은 두 줄을 뜨면 한길긴뜨기. 이어서 긴뜨기 늘려뜨기2, 짧은뜨기 늘려뜨기2를 뜬다.

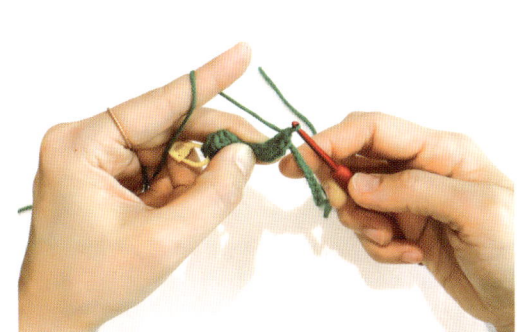

11. 열한 번째 코에 짧은뜨기를 3코 뜬다.

12. 이어서 반대쪽 사슬에도 같은 방법으로 뜬다.

13. 잎 뒷부분을 돗바늘로 정리한다.

도토리

"낙엽 밟는 소리… 참 좋다…"

사용 실	밀키코튼 레드라벨(50g) 2검정(30cm), 18베이지(5g), 41초코(8g)
사용 바늘	모사용 코바늘 5/0, 돗바늘, 자수바늘
부자재	솜, 가위, 핀셋

MBTI	**ISFP (자연을 사랑하는 감성러)**
	조용하고 자연을 좋아하는 친구
	가을 분위기와 잘 어울리고 낙엽 밟는 소리를 좋아함
성격	자연을 사랑하는 조용한 감성파

서술형 도안

만드는 법 영상
(도토리)

▶ 베이지색으로 도토리 시작하기

1단	매직링 만들기, 사슬뜨기, 짧은뜨기6, 빼뜨기 **(6코)**
2단	사슬뜨기, (짧은뜨기, 늘려뜨기)×3, 빼뜨기 **(9코)**
3단	사슬뜨기, (짧은뜨기2, 늘려뜨기)×3, 빼뜨기 **(12코)**
4단	사슬뜨기, (짧은뜨기3, 늘려뜨기)×3, 빼뜨기 **(15코)**
5단	사슬뜨기, (짧은뜨기4, 늘려뜨기)×3, 빼뜨기 **(18코)**

6단에서 사슬뜨기5, 빼뜨기4는 손 만들기

6단	사슬뜨기, 짧은뜨기6, 사슬뜨기5 두 번째 사슬부터 빼뜨기4, 다음 코부터 짧은뜨기6, **(손)** 사슬뜨기5 두 번째 사슬부터 빼뜨기4, 다음 코부터 짧은뜨기6, 빼뜨기 **(18코)**
7~8단	사슬뜨기, 짧은뜨기18, 빼뜨기 **(18코)**

▶ 갈색으로 바꾸기

9단	사슬뜨기, 이랑뜨기18, 빼뜨기 **(18코)**
10단	사슬뜨기, (이랑뜨기4, 이랑모아뜨기)×3, 빼뜨기 **(15코)**
11단	사슬뜨기, (이랑뜨기3 이랑모아뜨기)×3, 빼뜨기 **(12코)**
12단	사슬뜨기, (이랑뜨기2, 이랑모아뜨기)×3, 빼뜨기 **(9코)**
13단	사슬뜨기, (이랑뜨기, 모아뜨기)×3, 빼뜨기 **(6코)**

9단부터 이랑뜨기 남은 반 코에 새실을 걸어 모든 코에 (사슬뜨기3, 빼뜨기)를 뜬다.

기호 도안

도토리 ⌣ = ⦁∞

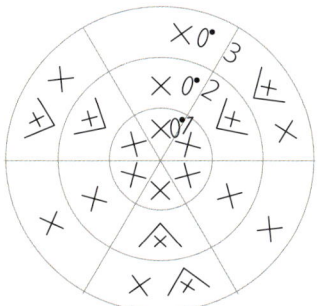

단수	코수
13	6
12	9
11	12
10	15
5~9	18
4	15
3	12
2	9
1	6

과정 사진

1. 8단 마지막 미완성 짧은뜨기에서 실을 바꿀 준비를 한다.

2. 뒷고리에 한 줄만 걸어 이랑뜨기를 시작한다.

3. 13단까지 완성된 몸통에 코바늘을 건다.

4. 사슬뜨기 3코를 뜬다.

5. 빼뜨기를 뜨고, 매 코마다 사슬뜨기 3코와 빼뜨기를 반복한다.

6. 9단 한 단에 껍질 모양을 만든 모습.

니팅쌤의 손뜨개 이야기

귀여운 야채 친구들과 계속 함께해요!

책 속 야채 친구들을 직접 만들어보고 싶다면

야채친구들 DIY키트와풀 패키지도 준비되어 있습니다

인스타그램에서
뜨개소식과
이야기를
만나보세요
@knittingssem

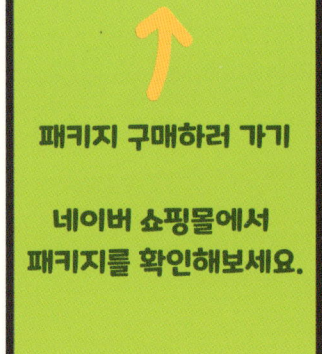

패키지 구매하러 가기

네이버 쇼핑몰에서
패키지를 확인해보세요.

LET ME MAKE YOU SO HAPPY